債権法改正と税務実務への影響

青山学院大学法学部教授
木山 泰嗣 監修

弁護士
西中間 浩 著

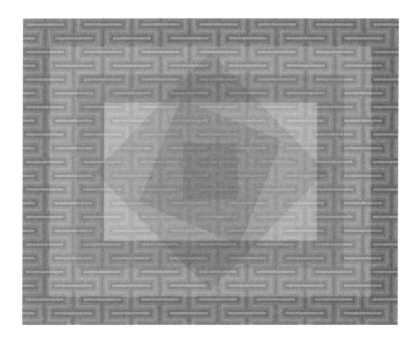

税務研究会出版局

監修の言葉

　民法（債権部分）の改正が，税務実務にどのような影響を与えるのか。これをテーマにしたのが本書である。

　といっても，附録の拙文にも書いたように，そもそも，現行民法についてですら，税法がどのように適用されるかについては，残念ながら詳らかになっているとはいえない。これが実情である。このような実情があるなかで，さらに改正民法が税法解釈にどのように影響を与えるのかについて検討することは，決して容易なことではない。先行研究も文献もまだないからである。

　このように書くと，答えのないものを1冊にまとめたのかと不安に思われる方もいるかもしれない。そのような側面があることは確かであるが，本書は著者である西中間浩弁護士が，民法改正の概要を主として税理士に向けて分かりやすく解説したものになっている。**本書を読めば，まだ施行されていない改正民法の概要を知ることができる。税務実務に携わる専門家がどのような点に注意すればよいかについても的確に書かれているので，具体的なイメージができると思う。**

　この点で，本書を手に取って下さった読者の方が求める内容には十分に達していると考える。わたしが監修者として冒頭に指摘し，附録の拙文で整理を試みた問題点，つまり，現行民法（及び改正民法）の規定が税法の解釈・適用の際にどのように捉えられるかについて考えられる論点（未解明というか，提起すらされているとはいいがたい問題点）は，どちらかというと研究者向けの問いかもしれない。しかし，現に実務で直面する可能性が十分にある論点でもある。**これらは答えがないなかでの思考の素材（考え方の道標）として読んでいただければ，幸いである。**

本書の作成には，3年近くを要した。執筆の依頼を受けた時点では改正民法は成立していなかったし，まだ改正の動きがあるに過ぎない段階（国会への法案提出前）であった。当時は実務家（弁護士）として税務問題に取り組んでいたわたしは，2015年4月から税法研究者に転身した。そして，大学及び大学院における教育研究に専念することになった。慣れない大学での日々は極めて忙しなく，時間を採ることが困難な状況に直面した。それでも，鳥飼総合法律事務所時代の同僚である西中間弁護士との間で1～2か月に1回程度，改正民法の内容及び税務実務に与える影響について検討会を行ってきた。それができたのは，その調査及び資料作成を西中間弁護士がこつこつと時間をかけて行ってくれたからである。わたしはその調査報告を聴き，その都度気づいた点を指摘したり，更に調べてもらったりしてきたに過ぎない。

　しかし，原稿及びゲラのチェック段階においては，監修者としての立場を超えてしまったかもしれないくらいの大幅な加筆修正を求める赤字を入れさせていただいた（執筆者としてのクセが出てしまい，困らせてしまったかもしれないが，大変丁寧な加筆修正をしてくれた。多忙な弁護士業務があるなかで，未解明の本書のテーマに挑み，わかりやすい原稿を丁寧に作成してくれた西中間弁護士に，心より感謝申し上げたい）。

　また，本書の企画から制作にあたっては，税務研究会出版部の加藤ルミ子さんに大変お世話になりました。ありがとうございます。

　読者の皆様が，近い将来施行されることになる改正民法の要点をおさえられ，税務実務に与えそうな影響のイメージを感じていただければ，監修者として嬉しく思います。

2017年11月
青山学院大学法学部教授
木　山　泰　嗣

Contents

序章

1 施行時期 2

2 施行前に学ぶ必要性とは？ 2

3 税の専門家が民法改正を学ぶ必要性 4

4 この本の内容 5

第1章 錯誤

1 現行民法 8
  （1）条文 8
  （2）動機の錯誤の判例法理 11

2 改正民法のポイント 16
  （1）動機の錯誤の明文化 16
  （2）錯誤の効果が無効から取消しに 17
  （3）重大な錯誤があっても錯誤主張が認められる場合の明文化 19
  （4）有効な取引と信頼して取引関係に入った第三者の保護 21

3 税務実務への影響 22
  （1）更正の請求期間経過後の申告行為の錯誤主張の要件 22
  （2）修正申告における確定申告内の意思表示の錯誤に基づく撤回 26

まとめ 27

第2章 消滅時効

1 現行民法 30
  （1）原則的な債権の消滅時効期間 30
  （2）短期消滅時効 31
  （3）商事債権の特例 33

2 改正民法のポイント 35
  （1）債権の消滅時効期間が二元的構成になり短期が5年に 35

（2）商事債権時効5年と職業別の短期消滅時効の削除 ……………………… 37
　（3）生命・身体侵害による損害賠償請求権の時効期間 …………………… 37
　（4）時効「中断」「停止」の概念が「更新」「完成猶予」に ……………… 38
　（5）新しい時効の「完成猶予」事由：協議による時効の完成猶予 ……… 39

3　税務実務への影響 …………………………………………………………… 41
　（1）時効消滅のタイミングの変化に注意が必要に ………………………… 41
　（2）短期消滅時効の廃止の法人税基本通達9－6－3への影響 ………… 42
　（3）国税通則法においても「更新」「完成猶予」に概念変更 …………… 44
　（4）税理士報酬の時効期間 …………………………………………………… 45

まとめ …………………………………………………………………………… 46

第3章　法定利率

1　現行民法 ……………………………………………………………………… 48

2　改正民法のポイント ………………………………………………………… 49
　（1）法定利率が年3％スタートの3年おき変動制に ……………………… 49
　（2）法定利率適用の基準時 …………………………………………………… 51

3　税務実務への影響 …………………………………………………………… 52
　（1）法定利息計上額 …………………………………………………………… 52
　（2）法定利率と特例基準割合との関係 ……………………………………… 53
　（3）変動する法定利率が貸付利息（時価）算定の参考値に ……………… 55

まとめ …………………………………………………………………………… 56

第4章　債務不履行による損害賠償

1　現行民法 ……………………………………………………………………… 58
　（1）過失責任原則 ……………………………………………………………… 58
　（2）最初から履行不能な債務では債務不履行責任が発生せず …………… 59
　（3）履行不能概念 ……………………………………………………………… 60
　（4）債務の履行に代わる損害賠償請求 ……………………………………… 60

2 改正民法のポイント ……… 61
（1）過失責任原則からの脱却 ……… 61
（2）最初から履行不能な場合も後発的な履行不能と同じ取扱いに ……… 63
（3）履行不能概念の拡大 ……… 63
（4）債務の履行に代わる損害賠償の明文化 ……… 64

3 税務実務への影響 ……… 66
（1）債務不履行に基づく損害賠償金の税務上の取扱い ……… 66
（2）損害賠償金の計上のタイミング ……… 67

> まとめ ……… 68

第5章 契約の解除

1 現行民法 ……… 70

2 改正民法のポイント ……… 71
（1）解除に債務者の帰責事由は不要に ……… 71
（2）軽微な不履行では催告解除不可 ……… 72
（3）無催告解除が認められる場合を整理 ……… 74
（4）債権者に帰責事由がある場合には解除不可 ……… 76
（5）危険負担の効果が反対債務の消滅から履行拒絶に ……… 76

3 税務実務への影響 ……… 78
（1）催告解除の要件に「軽微」でないことが追加 ……… 78
（2）危険負担（履行拒絶）と税務 ……… 80

> まとめ ……… 80

第6章 個人保証

1 現行民法 ……… 82
（1）保証・連帯保証 ……… 82
（2）連帯保証人に対する履行の請求 ……… 83
（3）求償権 ……… 83

2 改正のポイント ... 84
（1）事業のために負担した貸金等債務についての保証契約の特則 ... 84
（2）個人保証における主たる債務者の情報提供義務 ... 84
（3）連帯保証人に対する履行の請求・免除 ... 85

3 税務実務への影響 ... 86
（1）事業のために負担した貸金等債務の個人の第三者による保証 ... 86
（2）所得税法64条2項 ... 87

参考　連帯債務 ... 90

まとめ ... 92

第7章　債務引受・債権譲渡

1 現行民法 ... 94
（1）債務引受 ... 94
（2）債権譲渡 ... 94

2 改正民法のポイント ... 97
（1）債務引受 ... 97
（2）債権譲渡 ... 98

3 税務実務への影響 ... 101
（1）免責的債務引受にともなう課税 ... 101
（2）所得税における金銭債権の譲渡損益の取扱い ... 101
（3）将来債権譲渡と国税 ... 102

まとめ ... 103

第8章　弁　済

1 現行民法 ... 106

2 改正民法のポイント ... 107
（1）第三者の弁済 ... 107
（2）預貯金口座への振込みによる弁済の効力発生時期 ... 109

3 税務実務への影響 ……………………………………………………… 110
> まとめ ……………………………………………………………………… 111

第9章 相　殺

1 現行民法 ……………………………………………………………… 114
2 改正民法のポイント ………………………………………………… 116
（1）相殺禁止の意思表示 …………………………………………………… 116
（2）不法行為債権等を受働債権とする相殺の禁止 ……………………… 116
（3）差押えを受けた債権を受働債権とする相殺 ………………………… 118
3 税務実務への影響 ……………………………………………………… 119
> まとめ ……………………………………………………………………… 120

第10章 契約の成立

1 現行民法 ……………………………………………………………… 122
2 改正民法のポイント ………………………………………………… 123
（1）基本原則の明記 ………………………………………………………… 123
（2）隔地者間の契約の成立 ………………………………………………… 124
3 税務実務への影響 ……………………………………………………… 125
> まとめ ……………………………………………………………………… 126

第11章 定型約款

1 現行民法 ……………………………………………………………… 128
2 改正民法のポイント ………………………………………………… 128
（1）「定型取引」と「定型約款」という新ワードの創設 ……………… 128
（2）取り込みのみなし合意 ………………………………………………… 129
（3）不当条項の排除 ………………………………………………………… 131

（4）定型約款の内容の表示 ································· *132*
　　　（5）定型約款の変更 ··· *133*
　　3　税務実務への影響 ··· *135*
　　まとめ ··· *136*

第12章　売　　　買

　　1　現行民法 ··· *138*
　　2　改正民法のポイント ··· *139*
　　　（1）売主の追完義務 ··· *139*
　　　（2）買主の代金減額請求権 ·································· *141*
　　　（3）損害賠償の請求及び契約の解除 ···················· *143*
　　　（4）権利移転義務の不履行に関する売主の責任等 ···· *143*
　　　（5）買主の権利の期間制限 ·································· *144*
　　　（6）目的物の滅失又は損傷に関する危険の移転 ······ *146*
　　　（7）売買の規定の請負等の有償契約への準用 ········ *147*
　　3　税務実務への影響 ··· *148*
　　まとめ ··· *149*

第13章　消費貸借

　　1　現行民法 ··· *152*
　　2　改正民法のポイント ··· *152*
　　3　税務実務への影響 ··· *154*
　　まとめ ··· *155*

第14章　賃貸借（敷金）

　　1　現行民法 ··· *158*

2 改正民法のポイント ... 158
（1）賃貸借の成立 ... 158
（2）敷金 ... 158
（3）賃貸借終了後の収去義務及び原状回復義務 ... 159

参考 使用貸借 ... 160

3 税務実務への影響 ... 161
（1）敷金 ... 161
（2）賃貸借か使用貸借か ... 161

まとめ ... 163

第15章 委任契約

1 現行民法 ... 166

2 改正民法のポイント ... 166

3 税務実務への影響 ... 167

まとめ ... 168

附録

・民法改正が税法解釈に与える影響について
（青山学院大学法学部教授　木山泰嗣） ... 171
・民法の一部を改正する法律案新旧対照条文 ... 179

凡　例

本書では法律名等についておおむね下記のような略称を用いている。

〈法令等〉

改正民法……………民法の一部を改正する法律（平成29年法律第44号）による改正後の民法

　　（注）　改正前のものについては原則「民法」と表記するが，改正民法との区別を明確にした方がわかりやすいと思われる箇所については「現行民法」と表記している。

所得税法………………所　法
所得税法施行令………所　令
所得税法施行規則……所　規
所得税基本通達………所基通
国税通則法……………通則法
国税徴収法……………徴収法
地方税法………………地　法
租税特別措置法………租特法
法人税基本通達………法基通
印紙税法基本通達……印基通

【使用例】　所法45①七　所得税法第45条第1項第7号

〈裁判例〉

大判…………大審院判決
最判…………最高裁判所判決
最決…………最高裁判所決定
高判…………高等裁判所判決
地判…………地方裁判所判決

〈判例集・雑誌〉

民録…………大審院民事判決録
民集…………最高裁判所民事判例集
集民…………最高裁判所裁判集〔民事〕
行集…………行政事件裁判例集
税資…………税務訴訟資料
判時…………判例時報
判タ…………判例タイムズ

＊本文中の条文・判例等の引用部分において、下線、強調等の加工は筆者による。
＊＊本書は平成29年10月1日現在に判明している法令に基づいている。

序章

1 施行時期

　2017年（平成29年）5月26日，改正民法案が国会で可決・成立し，6月2日に公布されました（平成29年法律第44号）。この法案は，民法の中でも，売買契約，金銭消費貸借契約や賃貸借契約といった私たちの生活にかかわりが深い債権分野（契約に関するルールなどを定めた部分）を改正するものです。現行の民法は，1896年（明治29年）に制定されて以来，親族編・相続編の戦後改正を除き，その内容を基本的には大きく変えることなく適用されてきました。今般，実に約120年のときを経て，その内容が見直されたことになります。改正項目は約200に及び，民法の背景にある法理論自体も抜本的な見直しがなされています。まさに革新的な内容の見直しといえるでしょう。

　この改正民法が実際に適用される具体的な施行時期は未定ですが（2017年11月10日現在），公布後3年以内とされていることからすれば（附則1），2020年（平成32年）をめどに施行されることになります。

2 施行前に学ぶ必要性とは？

　3年後の2020年施行であれば，いまからあわててフォローしておく必要はないと思われるかもしれません。

　しかし，そのように考えることは，適切ではありません。施行前でも留意すべきことがあるからです。

　今回の改正では，これまで民法が直接は定めてこなかったいわゆる「約款」についても「定型約款」という新しい概念を作ったうえで，これに関するルールが設けられました。この「定型約款」の規定については，「施行日前に締結された定型取引（略）に係る契約についても適用する。ただし，改正前民法の規定によって生じた効力を妨げな

い。」とする経過措置が設けられています（附則33①）。つまり、**定型取引に関する契約については、施行前に締結されたものについても、施行後は改正法が強制的に適用されることになります。**

たとえば、定型取引についてその内容を変更したいという場合、改正民法では、次の場合、一方的な意思表示でその内容を変更することが可能とされています（改正民法548の4）。

① 定型約款の変更が、相手方の一般の利益に適合するとき。
② 定型約款の変更が、契約をした目的に反せず、かつ、変更の必要性、変更後の内容の相当性、この条の規定により定型約款の変更をすることがある旨の定めの有無及びその他の変更に係る事情に照らして合理的なものであるとき。

ただし、変更の効力発生時期までにインターネット等で変更後の内容を周知しておくことが必要で、このような周知がないと、②の場合では、その変更の効力は発生しません。

この規定は、当事者間の契約でこれと異なる内容を定めたとしても、必ず適用されるものとなっています（**強行規定**）。施行前につくる定型約款であっても施行されると必ず適用されるルールです。したがって、**施行前でも、新しく設けられた概念である「定型約款」とはそもそも何なのか、「定型約款」のルールはどのようなものとなっているのか、など新しい民法のルールを知っておく必要があります。**

なお、「定型約款」についての上記経過措置は、「契約の当事者の一方（契約又は法律の規定により解除権を現に行使することができる者を除く。）により反対の意思の表示が書面でされた場合（その内容を記録した電磁的記録によってされた場合を含む。）には適用しない。」

とされています（改正民法附則33②）。たとえば，定型約款の一方的変更をよしとしない者には，改正民法による規律を受け入れないとする道も開かれています。**これを受け入れる，受け入れないという判断を行う上でも，新しい民法のルールを知っておく必要があります。**

税の専門家が民法改正を学ぶ必要性

本書は今回の民法改正を概説するものです。**類書が多いなかでの特色は，民法改正が税法に及ぼす影響についても焦点をあてていることです。** 税理士や税務に関する業務に携わられている企業の総務や経理担当者を読者に想定しています。税務に携わるあなたにとって，いま民法改正をフォローする必要性が果たしてあるのか，と疑問をもたれるかもしれません。

この問いの答えは，本書で明らかにしますが，"YES" です。必要性はあります。

そもそも税法は，民法を中心とする私法によって規律される法律関係を前提に適用されるものです。 税法においては，民法で登場する概念について，税法が独自に定義していない場合，原則として民法と同じ概念（専門用語では「**借用概念**」といいます。）として理解するという考え方が，判例でも採用されています（**統一説**）。このような借用概念についていえば，民法の理解がそのまま税法の理解につながるといってよいでしょう。

また，今回の改正の中心は債権部分の改正ですが，所得をいつ認識するかについては，所得税法でも法人税法でも権利確定主義がとられています。具体的に権利確定をいつの時点ととらえるかは取引に応じてさまざまです。この場合，前提として債権や債務の成立が問題になります。いつ債権・債務が成立して，消滅するかのルールは，今回の

この本の内容

　本書は，民法改正の概要を整理した上で，どこがどのように変わったのか，それが税法にどのような影響をもたらすのか，について解説したものです。重要な点に絞っているため，すべての改正点を網羅しているものではありません。

　しかし，税法への影響について，その可能性と問題点を整理したことは，類書にない特徴になっていると思います。税法への影響とは，税法の解釈適用がどのように変わるかという問題ですが，実務家の読者にとっては，税務実務への影響ということになるでしょう。そこで，本書では改正項目ごとに，「税務実務への影響」を検討するスタイルをとりました。

　それでは，民法改正の概要をざっくりとつかみながら，税法への影響をみていきましょう。

＊巻末には附録として，木山教授による本書のテーマについて論点整理をした考察と，横書きの新旧条文の対照表を収録しています。ご参照下さい。

錯誤

第 1 章

1 現行民法

(1) 条　文

　最初に，税法とのかかわりが深く，税法判例も多くある「錯誤」の論点をとりあげたいと思います。改正民法を理解するために，まずは現行民法の錯誤の規定がどのようになっているのか，どういった解釈に基づいて実務が運用されているのかをみてみましょう。

　現行民法の条文は，次のように錯誤について規定しています。95条を読んでみて下さい。

> **現行民法**
>
> （錯誤）
> **第95条**　意思表示は，**法律行為の要素に錯誤があった時**は，**無効**とする。ただし，**表意者に重大な過失があったとき**は，表意者は，自らその無効を主張することができない。

　「意思表示」「法律行為」「要素に錯誤」「重大な過失」といった法律用語がたくさんありますね。
　「意思表示」というのは，意思を外部に表示する法律行為のことをいいます。「意思」というのは思い（考え）のことであって，行動と結びつく積極的な心の持ち方を表す「意志」とは異なります。たとえば，「表示行為の直接の原因となる心理作用，すなわち，欲求ないし承認，特に権利義務の変動に向けられたもの」と説明されています

(『法律用語辞典〔第4版〕』（有斐閣，2012年））。「意思表示」の例としては，たとえば契約を締結する場面でいうと，一方当事者の相手方当事者に対する契約の申込み，これに対する相手方当事者からの申込みの意思表示をした当事者に対する承諾などが挙げられます。

　「法律行為」というのは，契約を締結する行為のように法律上の効果を発生させる行為のことをいいます。

　「法律行為の要素に錯誤があった時」とは，ただ単に錯誤があればよいというのではなく，同じような立場におかれた通常の人からみても，当該錯誤がなければ法律行為（契約締結）を行うことはなかった（「因果性」），といえるほどの重大な錯誤（「重要性」）があった時をいう，と解されています（大判大正7年10月3日民録24輯1852頁など）。

　このような錯誤があったとされると，申込みあるいは承諾といった意思表示が「無効」となり結果として契約も無効となります。「無効」の意味としては，予定された効力を発生させない，ということはおわかりになると思います。この言葉を専門的に更に整理すると，当事者が取り消すとの意思表示を行ってはじめて効力がなくなる「取消し」とは区別され，当事者が何か特別なことをしなくても最初から当然に予定された効力が発生しないことを意味します。特別なことをせずとも無効なのですから，「最初から効力がありません」と当事者が主張しさえすればよいのです。「取消し」の場合と異なり，いつまでにこういった主張をしなければもはや無効といえなくなるといったような期間制限も設けられていません。

　たとえば，賭博といった犯罪行為に関係する金銭消費貸借契約は，犯罪行為を助長する契約として公序良俗違反の契約とされていますが，これについては初めから「無効」とされており（民法90），誰からでも期間制限なく，無効であるとの主張を行うことができます。こ

れに対して，詐欺にあって契約を結ばされた場合には，被害者だけがこれを取り消すことができ（民法96①，120②），詐欺に気づいてから5年間のうちにこれを行ってはじめてその契約は遡って無効ということになります（民法121，126）。

ただ，錯誤の規定に書かれている「無効」は，通常いわれるところの上記の無効とは1つ異なる点があります。それは，誰がその「無効」を主張できるのか，という点です。通常，無効といった場合，錯誤に陥った当事者に限らず当事者以外の第三者であってもそのことを主張できると理解されています。しかし，錯誤の「無効」主張については，錯誤に陥っていた当事者が無効の主張をする意思がない場合であれば，当事者以外の第三者は，「無効」の主張はできないと解されています（最判昭和40年9月10日民集19巻6号1512頁）。というのも，錯誤に基づく意思表示が無効とされるのは，その意思表示を行った当事者が思わぬ不利益を被ることから保護するためであって，その当事者自身があとから錯誤であることを主張することを潔しとせず，今のままで構いませんと考えているときにまで直接の関係のない第三者に無効といわせる必要はないからです。原則的には，錯誤に陥っていたものだけが意思表示の無効を主張できる点は，「無効」ではなく「取消し」に似ています。そのため，錯誤の無効は，取消的無効である，と理論的には整理されています。

以上のような取扱いは，条文には記載されていません。すべて錯誤の条文の趣旨から，解釈によって導かれてきた結論です。このあたりの書かれざる要件や効果は法律家には当たり前となっていることですが，一般の方が民法の条文だけを読んでここまで解釈して読み込んでいくことは困難です。判例付きの条文集が市販されているのも，このあたりに理由があります。ただ，実際の実務の運用と条文そのものか

ら読み取れる内容が大きくずれているのは，国民の代表者を通じて法律をつくり，皆がそのルールに従うという民主主義・法の支配の観点からはあまり好ましいことではありません。ルールがどうなっているのか，条文だけではよくわからないというのでは，国会を通じた国民の議論もおぼつかないでしょう。一般の国民にも条文を読んだだけで民法がどうなっているのか理解してもらえる形にしていこう，ということも，今回の改正の背景にあります。

　以上が，明治時代に制定された現行民法の条文の記載です。もともとシンプルな条文であったこともあって，「要素の錯誤」「無効」の意味内容の確定など，その後の実際の裁判での争いを通じて，条文に直接は記載されていない取扱いのルールというものが形成されてきたことがわかると思います。

(2) 動機の錯誤の判例法理

ア 動機の錯誤の実務上の取扱い

　条文に直接は記載されていない錯誤に関する取扱いのルールとして欠かせないものとして，動機の錯誤と呼ばれる問題があります。

　民法の条文上は，さきほどもみたように意思表示が無効となる場合として，「法律行為の要素に錯誤があった時」としか記載しておらず，ここにいう錯誤とは，契約（法律行為）の内容の理解において表意者に錯誤があったときだけをいうのか，申込・承諾の意思表示により契約（法律行為）を行うにいたった表意者の動機部分（前提部分）に錯誤があったときも含めてよいのか，よくわからないものとなっています。「要素に錯誤」というのは，さきほども述べたとおり，当該

錯誤がなければ通常の人でも契約を結ばないといえるような重大な錯誤ということですが（9頁参照），どの範囲にまで錯誤があった場合を念頭においているのかは，「要素の錯誤」という文言だけから直接読み込むことは困難です。

　契約締結の場面でよくある例で考えると，売買の目的物や価格など契約内容自体の理解における錯誤もあるでしょう。しかし，日常よくある錯誤で当事者間で揉めることが多いのは，契約締結をするにいたった動機部分での錯誤です。近くに駅ができると聞いたから土地を買った，本物だと思ったから高額でこの絵をかった，しかしその前提は全くの勘違いだった，などなど。詐欺まがいの取引で，よくありがちな状況です。民法には詐欺を理由として意思表示を取り消すことができる条文（民法96）もありますが，すべて勘違いにいたった理由が相手方の詐欺によるといいきれるわけでもありません。それに詐欺ともいえる場合であっても，錯誤主張には期間制限がありませんので，5年の期間制限がある詐欺取消しとは別に動機部分での錯誤による無効主張ができるとすれば，錯誤により意思表示をした者からすればありがたい話です。

　実際に，数々の裁判で争われました。この点について，司法の最終判断を行う最高裁判所が戦後間もないころに下した結論は，次のようなものでした。

○**最判昭和29年11月26日民集8巻11号2087頁**
　意思表示をなすについての動機は表意者が当該意思表示の内容としてこれを相手方に表示した場合でない限り法律行為の要素とはならないものと解するを相当とする。

つまり，契約をなぜ締結するのかといった動機部分については相手方に「表示」していなければ，「法律行為の要素」として錯誤無効の主張はできませんよ，といった判示をしています。動機部分は，意思表示を受け取る相手方からすればわからないため，契約したあとで「私には実はこういう契約締結の動機があって，実はその動機部分で錯誤に陥っていたのです。ですから，契約締結の際に示した意思表示は無効です。契約はなかったことになります」，といった主張を簡単に許すと，相手方にとっては不意打ちとなり，たまったものではありません。またそのような理由で簡単に無効主張を許せば，契約社会が成り立たなくなってしまいます。この裁判例の判示内容は条文からは直接読み込むことは難しいですが，契約社会を実現するためには妥当な内容となっています。

　この判決以後，動機の錯誤については，この裁判例に従った実務が確立されていきました。

　なお，その後の裁判例において，上記最高裁判所のいう「表示」については必ずしも明示的に示す必要はなく，黙示的なものであっても良いとされました（最判平成元年9月14日判時1336号93頁，差戻審東京高判平成3年3月14日判時1387号62頁）。当事者間の関係や契約に至るまでの発言内容・やり取りの経緯などからすれば，一方当事者が契約を締結するにいたった動機は，相手方としても契約書の中で明記していなくてもわかっているでしょ，といえるような状況にあれば，その動機部分に錯誤があった場合，錯誤無効の主張ができるということになります。

　たとえば，「近くに駅ができるから」と不動産を購入する動機を明確に述べていなくても，近くに駅ができて地価が値上がりする，生活が便利になるといった話を売買当事者間で繰り返し行っていたり，そ

れを前提に売買代金を定めていたりすれば，このような動機は契約書に書かれていなかったとしても，黙示的には相手方に示されていたということができます。

イ｜租税実務と動機の錯誤

ここで錯誤の条文がこれまで税務実務とどのような関係をもってきたのか，触れておきましょう。

動機の錯誤の問題は，税務の実務でもよく問題になってきました。

さきほど紹介した「表示」が黙示的なもので良いと判示した裁判例（最判平成元年9月14日判時1336号93頁）は，税務にかかわるものでした。問題となったのは，「分与者に譲渡所得課税がない」ことを前提として行った協議離婚に伴う不動産の財産分与契約の意思表示でした。この裁判では，自己に多額の課税が発生しないことを当該財産分与の動機の一つとしていることを相手方に黙示に「表示」していたと事実認定され，動機の錯誤による財産分与の意思表示の無効主張が認められました。

また，「課税上の特例の適用がある」ことを前提としていることが相手方に「表示」されている状況下でなされた土地の交換契約の意思表示につき，動機の錯誤による無効主張が認められたものもあります（東京地判平成7年12月26日判時1576号51頁）。

ところが，ある節税策に「節税効果がある」と考えその一環としてなした金銭消費貸借契約の意思表示については，動機の錯誤による無効主張は認められませんでした（千葉地判平成12年3月27日税資247号1頁）。このケースでは，裁判所は次のように判示しています。

> 　節税対策であることの認識がある以上，それが功を奏して他の法形式を選択した場合よりも税金の点で利益を享受することがある反面，場合によっては期待するような節税効果があげられないことのあり得ることも当然想定すべきものである。

　節税効果があるかないかが不明確な状況では，そもそも動機部分に錯誤があったということはできないといった評価がなされています。課税の有無や課税の特例の適用の有無は，場合によっては課税される，あるいは特例の適用を受けるといった類のものではなく，一義的に決まってくるものです。そのことを前提としていることを相手方も知った上でなした契約については，それらの点で当事者が勘違いしていた場合には，動機の錯誤となりえます。しかし，節税効果の有無については，もともとどちらに転ぶかわからない状況であったとすれば，節税効果があることが取引の動機になっていたとしてもそこに意思表示の錯誤があったとまでは評価できません。

　また，この事案で動機の錯誤による無効主張を認めてしまうと，節税スキームの一環として締結した金銭消費貸借契約により発生した利息部分につき納税を免れさせることにつながりかねず，ある意味，想定した節税スキームにつき節税効果が思ったよりでなかった場合のリスクヘッジとして機能してしまうことを認めてしまうことにもなりかねません。そのためこのような場合に錯誤に基づく無効主張を認めないとの上記裁判所が下した結論は妥当といえるでしょう。

2 改正民法のポイント

(1) 動機の錯誤の明文化

　改正民法は，上述のような現行民法の状況を踏まえ，まず，動機の錯誤を含めて，錯誤の主張ができる場合を類型化し，次のように条文の中で明確にしました。

> **改正民法**
>
> （錯誤）
> 第95条　意思表示は，次に掲げる錯誤に基づくものであって，**その錯誤が法律行為の目的及び取引上の社会通念に照らして重要なものであるときは**，取り消すことができる。
> 　一　意思表示に対応する意思を欠く錯誤
> 　二　表意者が法律行為の基礎とした事情についてのその認識が真実に反する錯誤
> 2　前項第2号の規定による意思表示の取消しは，**その事情が法律行為の基礎とされていることが表示されていたとき**に限り，することができる。
> ＜略＞

　第1項の第1号が内容の錯誤，第2号が動機の錯誤にあたります。
　第2項で第2号，すなわち動機の錯誤を主張する場合，「その事情が法律行為の基礎とされていることが表示されていたとき」に限って，行えるとされています。

これは，先に述べた動機の錯誤をめぐっての現在の判例法理を踏襲したものです。「法律行為の基礎」になっていればよく，法律行為の内容にまでなっている必要はありません。

　また，「法律行為の要素に錯誤があった時」についても，「その錯誤が法律行為の目的及び取引上の社会通念に照らして重要なものであるとき」となっています。つまり，錯誤の重要性の判断にあたって必ず着目しなければならないポイントとして，①法律行為の目的と②取引上の社会通念の2点が挙げられています。

　もっともこれらの文言の変更は，これまでの判例法理を踏襲したもので，改正によってこれまでの取扱いを大きく変更させるものではありません。

(2) 錯誤の効果が無効から取消しに

　しかし，錯誤の効果につき，「無効」から「取消し」へと変更されている点については，今後の実務に影響を及ぼしうるものとなっています。

　「取消し」も主張すれば「初めから無効であったものとみなす」（民法121）とされていますが，先に述べたように「無効」と「取消し」は，それを主張できる者が誰か，いつまで主張できるかという点で異なっています。すなわち，「無効」は本来，誰からでも，いつでも主張できるものですが，「取消し」はこれを主張できるものが限られており，また主張できる期間も「追認をすることができる時から5年間」（民法126）に限られています。「追認をすることができる時」としては，通常は，錯誤に気づいた時，がこれにあたります。錯誤の無効主張については，1(1)で述べたように，原則として表意者のみが行

うことができるとして、これを主張できる者が誰かという点ではもともと「取消し」に近い扱いとなっていました。しかし、主張できる期間について条文ではあくまで「無効」とされていましたので5年間を超えて無制限に主張できるものとされ、アンバランスな状態になっていました。改正によって文言上も「取消し」とされましたので、それを主張できる期間の部分でも5年間に制限された点は、今回の改正における大きなポイントということができます。

〔取消しと無効の違い〕

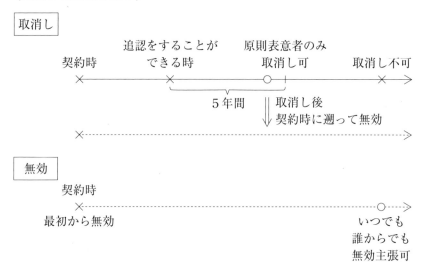

(3) 重大な錯誤があっても錯誤主張が認められる場合の明文化

改正民法

(錯誤)

第95条 ＜略＞

3　錯誤が表意者の重大な過失によるものであった場合には、次に掲げる場合を除き、第1項の規定による意思表示の取消しをすることができない。

　一　相手方が表意者に錯誤があることを知り、又は重大な過失によって知らなかったとき。

　二　相手方が表意者と同一の錯誤に陥っていたとき。

4　第1項の規定による意思表示の取消しは、善意でかつ過失がない第三者に対抗することができない。

　現行の民法では「表意者に重大な過失があったとき」については常に錯誤の主張ができないかのような条文になっています（現行民法95ただし書）。これを改め、相手方が、表意者が錯誤に陥っていることを知っているとき（又は重大な過失によりこのことを知らなかったとき）と、相手方も同じ錯誤に陥っているときには、錯誤に陥ったことについて自らに重大な過失があったとしても、錯誤の主張ができるように記載されました。相手方の状況次第では、自分に重大な過失があっても錯誤の主張ができる、ということです。

　たとえば、株取引のプロである証券会社の社員が、譲渡制限株式と気づかずに株を買い取ってしまったときには、錯誤に重大な過失があると認定される可能性がありますが（大判大正6年11月8日民録23輯

1758頁），気づいていないことを売り主側が知っているような場合には，自らの重大な過失を棚にあげて錯誤取消しの主張を行うことができます。

　もっとも，現行の民法においても，このような場合には，相手方の信頼を保護する必要がないため，重過失によって錯誤に陥った者でも錯誤主張ができると学説や裁判例では解されてきていました。そのため取扱いに変更が生じるわけではありません。ただ条文に記載されたことで，これまで以上に取扱いが明確になったということができます。

　なお，「重大な過失があったとき」とは，取引上要求される調査義務を著しく欠いていたようなとき，その人の立場からすれば信じられないようなうっかりミスで錯誤に陥ってしまっているとき，を指しています。単純な過失ではなく「重大な過失」ということで，重大かどうかは評価にかかわり，その判定は容易ではありません。また，過失というのは問題となっている具体的な当事者の注意義務のレベルを基準にしてその有無を評価します。たとえば，税理士や弁護士は法律専門家であるため，ここで要求される注意義務は一般のレベルよりも高いといえます（税理士につき，税務に関する専門家として，「専門家としての高度の注意をもって委任事務を処理する義務を負うもの」とした裁判例として東京地判平成22年12月8日判タ1377号123頁など。）。このような法律専門家が関与してなした契約については，法律に詳しくない一般の方なら単純な過失ですまされることが，「重大な過失」と評価される可能性は高くなります。

(4) 有効な取引と信頼して取引関係に入った第三者の保護

　現行民法では表意者に錯誤があることを知らない（法律の世界では知らないことをもって「善意」といいます。）で，かつ知らないことに過失がなく取引関係に入った第三者を保護する条文は存在していません。もっとも，現行民法の下でも，このような善意無過失の第三者については，他の民法の条文（虚偽表示の94条2項や詐欺の96条3項など）を類推適用してでも保護すべきだという学説が存在していました。改正民法においては，このような学説の主張を取り入れ，錯誤について「善意でかつ過失がない第三者」に対しては錯誤の主張を行えないとする条文が加えられました（改正民法95④）。こうして，錯誤の主張と第三者との関係が明確になりました。

	現行民法	改正民法
錯誤の効果	無効	取消し
錯誤の主張権者	原則表意者 （又はその承継人）のみ（実務）	表意者 （又はその承継人）
錯誤の主張期間	制限なし ただし信義則による制限あり（実務）	5年間
重大な錯誤がある場合	相手方が悪意・重過失，共通錯誤の場合には錯誤主張可（実務）	相手方が悪意・重過失，共通錯誤の場合には錯誤主張可
第三者	善意・無過失の第三者を保護（学説）	善意・無過失の第三者を保護

3 税務実務への影響

(1) 更正の請求期間経過後の申告行為の錯誤主張の要件

ア 錯誤主張の効果の変更

　先に述べたように現行民法では錯誤無効の主張を期間無制限に行うことができました。それが今回の改正では，錯誤の主張の効果が「無効」ではなく「取消し」に変更されたため期間制限にかかることになりました。民法では取消しを行える権利は，「追認をすることができる時から5年間行使しないとき」あるいは「行為の時から20年を経過したとき」に時効により消滅することになっています（民法126）。そのため，錯誤に気づいてから5年以内（あるいは意思表示を行ったから20年以内）に錯誤に基づく意思表示の取消しを行わなければならないことになりました。

イ 現行民法における申告行為の錯誤無効主張の要件

　これまでの裁判実務においては，納税申告（私人の行う公法行為と考えられています。）についても，錯誤無効の主張を行うことが認められてきました。もっとも，納税申告の錯誤無効主張については，以下のように，民法に記載されている錯誤の要件とは別の基準によって判断することが裁判例によって示されてきました。端的にいえば，厳格な要件になっており，特段の事情がない限り錯誤無効の主張は許されない，というものです。

① 最判昭和39年10月22日民集18巻8号1762頁

> そもそも所得税法が右のごとく、申告納税制度を採用し、確定申告書記載事項の過誤の是正につき特別の規定を設けた所以は、所得税の課税標準等の決定については最もその間の事情に通じている納税義務者自身の申告に基づくものとし、その過誤の是正は法律が特に認めた場合に限る建前とすることが、租税債務を可及的速かに確定せしむべき国家財政上の要請に応ずるものであり、納税義務者に対しても過当な不利益を強いる虞がないと認めたからにほかならない。従つて、確定申告書の記載内容の過誤の是正については、<u>その錯誤が客観的に明白且つ重大であつて、前記所得税法の定めた方法以外にその是正を許さないならば、納税義務者の利益を著しく害すると認められる特段の事情がある場合</u>でなければ、所論のように法定の方法によらないで記載内容の錯誤を主張することは、許されないものといわなければならない。

（下線部は筆者。この部分が錯誤の主張ができるための要件になります。）

　上記判例が掲げる「錯誤が客観的に明白且つ重大」であることといった、申告行為に錯誤無効主張を認める要件は、民法には何ら記載のない要件です。しかし、そもそも私人の行う公法上の行為である納税申告については、直接民法が適用されるわけではありません。民法は私人間の行為に適用されるものですが、納税申告は、納税者と国との間の行為にあたるからです。そこで最高裁は、税法上の「法定の方法」によることを原則とし、そうでない限りは、「特段の事情」という厳しいハードルを課しました。ここにいう、「法定の方法」は、現在では、国税通則法等が定める更正の請求や修正申告が、これにあたります。

　「特段の事情」が認められるための「客観的に明白且つ重大」な「過誤」とは、行政法において行政行為の無効主張を行うための要件

として裁判所が掲げるものとよく似ています。たとえば，課税処分も行政行為の一つということができますが，所得税法に基づく課税処分が無効であるというための要件について，判例は次のように述べています。

② **最判昭和36年３月７日民集15巻３号381頁**
> 行政処分が当然無効であるというためには，処分に重大かつ明白な瑕疵がなければならず，ここに重大かつ明白な瑕疵というのは，『処分の要件の存在を肯定する処分庁の認定に重大・明白な瑕疵がある場合』を指すものと解すべきことは，当裁判所の判例である（昭和32年（オ）第252号同34年９月22日第三小法廷判決，集13巻11号1426頁）。右判例の趣旨からすれば，瑕疵が明白であるというのは，処分成立の当初から，誤認であることが外形上，客観的に明白である場合を指すものと解すべきである。

上記裁判所のいう「瑕疵」というのは，たとえば処分の前提となった事実認定の誤りなどを意味します。判例がこのように無効の主張の要件を厳しく解している背景には，「取消し」と異なり「無効」の主張には期間制限がないため，「取消し」と同じように緩い要件で「無効」の主張を認めては「取消し」に期間制限を設けて法律関係の早期安定を図った意味をなくしてしまう，といった事情があります。

ウ│改正後の申告行為の錯誤無効主張の要件

では，今回の改正で錯誤主張の効果が「無効」から「取消し」に変更され，主張の期間制限が加わったことで，申告行為の錯誤主張を認める要件も，イの①の判例よりも緩やかな基準でこれを認める裁判実務に変更されるでしょうか。

もう一度①の判例をみて欲しいのですが，申告内容の錯誤無効主張

を制限している理由として，最高裁判所は更正の請求という「確定申告書記載事項の過誤の是正につき特別の規定」があることを挙げています。錯誤の効果が民法で「無効」から「取消し」に変わったとしても，更正の請求という「確定申告書記載事項の過誤の是正につき特別の規定」は依然として存在しています。そうだとすれば，この場面での錯誤主張の要件が軽減されることはないと考えるのが自然でしょう。

民法の錯誤の効果が改正された以上，これまでの無効主張と同じ基準のままで最高裁判所が申告行為の錯誤取消の要件を判断するかどうかはわかりません。しかし，申告行為の修正には減額の場合は更正の請求という特別の手段が認められています。そこで，通常の法律行為に対する錯誤取消しの主張と異なり，厳しい要件が設定され続ける可能性は高いといえるでしょう。

改正民法で錯誤の効果が無効から取消しに変わったことによる影響は，この要件については大きな変動はもたらさないのではないかと思います（ただし，判例の判断を待つ必要はあります）。

エ｜改正後に申告行為につき錯誤主張を行う余地

先に述べたように，これまで更正の請求とは別に期間無制限の錯誤無効の主張は，**イ**の①の判例にあるような大変に厳しい要件の下ではありますが，例外的に認められてきました。しかし，錯誤の効果が「無効」から「取消し」に変わることで錯誤主張は錯誤に気づいたのち5年間の期間制限に服することになりました。更正の請求の期間制限も現行法では5年ですが（最判昭和39年当時はわずか1か月でした。），その起算点は法定申告期限からです。たとえば，法定申告期限から5年経過したあとで，納税者が錯誤に気づいた場合には，更正の請求ができないため，錯誤による申告行為の取消しを主張する納税者

が現れる余地は，改正後にも残るでしょう。

(2) 修正申告における確定申告内の意思表示の錯誤に基づく撤回

　以上は申告行為の錯誤取消し主張でしたが，修正申告をする際の概算経費の選択などの意思表示について錯誤取消し主張を行うことはできるでしょうか。現行民法を前提としたこれまでの裁判例の中には，修正申告で増額変更を行うに際し，当初の確定申告で行った概算経費選択の意思表示につき，修正申告における増額変更に伴い実額経費を選択するよりも概算経費の方が不利になってしまう状況にあったことから，当初の確定申告で行った概算経費の選択には錯誤があったものとしてその意思表示の撤回を認めたものがあります（最判平成2年6月5日民集44巻4号612頁）。

　上記裁判例においては，錯誤主張の要件について，さきほどの申告行為の錯誤主張と異なり「錯誤が客観的に明白且つ重大」であることといった厳格なものが要求されていません。修正申告である点が(1)イの①の昭和39年判決とは異なります。そのため，改正後においても錯誤取消し主張が認められるものと思われます。そして修正申告に伴う概算経費選択の意思表示については，類型的に，動機の錯誤の一ケースとして錯誤主張が今後も認められることになることが予想されます。

　なお，修正申告については期間制限が設けられていないため，当初申告の間違いに気づいてから5年を経過したあとの修正申告も理論上は可能です。しかし当初申告内の概算経費選択などの意思表示については，錯誤の効果が「取消し」になったことで，錯誤に気づいてから5年を経過したあとは民法上は錯誤主張はできないこととなります

(ただし，そもそも納税申告は，民法が直接適用されるものではありませんので，論点として考える必要が生じるでしょう)。

　もっとも，修正申告では延滞税の納付義務があるためその金額は申告が遅れれば遅れるほど増額していくことになります。そうすると当初申告の間違いに気づいて5年を経過したあとにこれを自主的に行うことはあまり考えられません。また，自主的な修正申告は，課税庁から課税処分をうたれて加算税を支払うぐらいであれば延滞税どまりにしておこうということで，課税処分の対象期間である5年間（最長でも7年間）のうちになされるのがほとんどです。7年前にまでさかのぼって修正申告を行う場合でも，錯誤に気づくのは，実際に修正申告を行うことになったときでしょうから，そのときには錯誤主張は依然として可能であることが多いものと思われます。したがって，改正民法によって錯誤主張に5年間の期間制限ができたことが，納税申告の錯誤主張に影響を与える場合でも，この点での実際上の不都合はあまり起きないと思われます。

> **まとめ**
> ・錯誤の効果が無効から取消しに変わり，5年間の期間制限に服することになりました。
> ・申告行為の錯誤主張の要件は，今回の民法改正とは関係なく，「錯誤が客観的に明白かつ重大」なときに限定され続ける可能性が高いといえます。
> ・修正申告をした場合の当初申告における概算経費の選択についての錯誤主張は，改正後も行うことができると考えられ，錯誤につき5年間の期間制限に服したとしても，修正申告の性質上，実際上の不都合はあまり考えられません。

消滅時効

第2章

1 現行民法

(1) 原則的な債権の消滅時効期間

現行民法では、次のように、債権は、「権利を行使することができる時」から、「10年間行使しないとき」に、消滅すると規定されています。

> **現行民法**
>
> （消滅時効の進行等）
> 第166条　消滅時効は、**権利を行使することができる時**から進行する。
> ＜略＞
> （債権等の消滅時効）
> 第167条　債権は、**10年間行使**しないときは、消滅する。
> ＜略＞

「権利を行使することができる時」とは、権利を行使しようにもそれを行使できる期限がまだきていない、といった権利を行使する上での障害（法律上の障害）がなくなったとき、を指すと解されています。その際、権利者が権利を行使できることを知っている必要はありません（大判昭和12年9月17日民集16巻1435頁）。もっとも、法律上は権利行使が可能であっても、事実上権利行使が期待できないときにまで消滅時効期間がスタートするというのは酷であるとして、事実上権利行使が期待できるときにまで起算点を遅らせるべきであるとする批

判的見解もあります。

「権利を行使することができる時」から，10年の経過によって，債権は消滅する，ことになります。

(2) 短期消滅時効

以上が原則となりますが，現行民法では，医師の診療に関する債権は３年，売掛債権などの一定の債権については２年，月極めの給料に係る債権や宿泊や飲食等に係る債権は１年，といった具合に，債権の性質によって10年よりも短い消滅時効期間が細かく定められています。

現行民法

（定期給付債権の短期消滅時効）
第168条　年又はこれより短い時期によって定めた金銭その他の物の給付を目的とする債権は，５年間行使しないときは，消滅する。

（三年の短期消滅時効）
第170条　次に掲げる債権は，３年間行使しないときは，消滅する。ただし，第２号に掲げる債権の時効は，同号の工事が終了した時から起算する。
　一　医師，助産師又は薬剤師の診療，助産又は調剤に関する債権
　二　工事の設計，施工又は監理を業とする者の工事に関する債権

(二年の短期消滅時効)

第172条　弁護士，弁護士法人又は公証人の職務に関する債権は，その原因となった事件が終了した時から２年間行使しないときは，消滅する。

2　前項の規定にかかわらず，同項の事件中の各事項が終了した時から５年を経過したときは，同項の期間内であっても，その事項に関する債権は，消滅する。

第173条　次に掲げる債権は，２年間行使しないときは，消滅する。
　一　生産者，卸売商人又は小売商人が売却した産物又は商品の代価に係る債権
　二　自己の技能を用い，注文を受けて，物を製作し又は自己の仕事場で他人のために仕事をすることを業とする者の仕事に関する債権
　三　学芸又は技能の教育を行う者が生徒の教育，衣食又は寄宿の代価について有する債権

(一年の短期消滅時効)

第174条　次に掲げる債権は，１年間行使しないときは，消滅する。
　一　月又はこれより短い時期によって定めた使用人の給料に係る債権
　二　自己の労力の提供又は演芸を業とする者の報酬又はその供給した物の代価に係る債権
　三　運送賃に係る債権

> 四　旅館，料理店，飲食店，貸席又は娯楽場の宿泊料，飲食料，席料，入場料，消費物の代価又は立替金に係る債権
> 五　動産の損料に係る債権

(3) 商事債権の特例

　また，商行為によって生じた債権については，民法とは別に商法の適用も受けることとなっており，そこでは原則として5年間行使しないときに時効によって消滅するとされています（商法522）。

　商行為とは，利益を得る目的でなす動産・不動産等の取得・譲渡行為など，営利目的でなす活動全般を指します。具体的には，商法および会社法に条文で列挙されている行為を指します（以下の条文を参照）。

○商法　第二編　商行為　第一章　総則

> (絶対的商行為)
> 第501条　次に掲げる行為は，商行為とする。
> 　一　利益を得て譲渡する意思をもってする動産，不動産若しくは有価証券の有償取得又はその取得したものの譲渡を目的とする行為
> 　二　他人から取得する動産又は有価証券の供給契約及びその履行のためにする有償取得を目的とする行為
> 　三　取引所においてする取引
> 　四　手形その他の商業証券に関する行為
>
> (営業的商行為)
> 第502条　次に掲げる行為は，営業としてするときは，商行為とする。ただし，専ら賃金を得る目的で物を製造し，又は労務に従事する者の行為は，

この限りでない。
一　賃貸する意思をもってする動産若しくは不動産の有償取得若しくは賃借又はその取得し若しくは賃借したものの賃貸を目的とする行為
二　他人のためにする製造又は加工に関する行為
三　電気又はガスの供給に関する行為
四　運送に関する行為
五　作業又は労務の請負
六　出版，印刷又は撮影に関する行為
七　客の来集を目的とする場屋における取引
八　両替その他の銀行取引
九　保険
十　寄託の引受け
十一　仲立ち又は取次ぎに関する行為
十二　商行為の代理の引受け
十三　信託の引受け

(附属的商行為)
第503条　商人がその営業のためにする行為は，商行為とする。
2　商人の行為は，その営業のためにするものと推定する。

なお，民法で短期の消滅時効期間が定められている債権が，上記のような商行為によって生じた債権にも該当するときは，消滅時効期間が短い方に合わせることとなっており（商法522ただし書），民法の定める短期の消滅時効期間の方が優先的に適用されることになります。

○商法
第522条　商行為によって生じた債権は，この法律に別段の定めがある場合を除き，5年間行使しないときは，時効によって消滅する。ただし，他

の法令に5年間より短い時効期間の定めがあるときは，その定めるところによる。

2 改正民法のポイント

(1) 債権の消滅時効期間が二元的構成になり短期が5年に

今回の改正では，債権の消滅時効期間について，これまでの「権利を行使することができる時から10年間行使しないとき」（改正民法166①二），に加えて，「債権者が権利を行使することができることを知った時から5年間行使しないとき」（改正民法166①一），といった新しい消滅時効期間が追加されました。

改正民法

（債権等の消滅時効）
第166条 債権は，次に掲げる場合には，時効によって消滅する。
一 **債権者が権利を行使することができることを知った時**から5年間行使しないとき。
二 **権利を行使することができる時**から10年間行使しないとき。
2 債権又は所有権以外の財産権は，**権利を行使することができる時**から20年間行使しないときは，時効によって消滅する。
＜略＞

起算点としての「債権者が権利を行使できることを知った時」を，

主観的起算点といいますが、これは改正民法による新しい概念です。この主観的起算点から、5年で債権の消滅時効は完成することになります。現行民法では、債権者が権利を行使できるかどうかを知っているかは問わない構成でしたが、改正後は権利を行使できること（債権発生の原因や債務者など）を知っている場合には、通常の10年よりも早い5年の経過でその債権の消滅時効は完成することになります。これは法律関係の早期解決を図るためです。知っているのであれば権利行使の準備期間として5年もあれば十分だということです。

　契約に基づく履行請求権（取引から生じる主たる債権）については、契約と同時に特定の債務者に一定の債務の履行を請求できることを知ることが通常ですから、実質的には時効期間がこれまでの10年から5年に短縮されたことを意味します。

　なお、「権利を行使することができる時」（客観的起算点）から10年の部分は現行民法と同じです。この文言については、上述のとおり、これまでも＜法律上の障害がなくなったとき＞なのか＜事実上権利行使が期待可能となったとき＞なのかで争いがありましたが、改正民法ではこの部分の文言の変更はありませんので、この点については今後も解釈上の争いとして残ることになります。

　改正民法施行日以後に発生した債権に対して改正民法の適用があります（改正民法附則10④）。ただし、改正民法施行日以後に発生した債権であっても、その原因となる行為（契約など）が施行日前になされたものは、改正民法の適用外です（改正民法附則10①）。たとえば、施行日前に請負契約を締結し、施行日後に業務が完成して発生した報酬債権は、適用外となります。つまり、債権発生の原因となる法律行為（契約など）と債権の発生自体がともに施行日後のものに限って改正民法の適用がなされることになります。

(2) 商事債権時効5年と職業別の短期消滅時効の削除

　このように実質的に時効期間が5年に短縮されたこともあり，「商行為によって生じた債権」については時効期間を特別に5年間に短縮していた商法522条は，改正と同時に削除されます。また，これまでの民法では，例えば医師の診療債権については3年，月決めの使用人の給料債権や旅館の宿泊料については1年といった形で職業別に短期の消滅時効が定められていました（現行民法170～174。31～33頁参照）。しかし，これらを定めた背景となっている慣習が変化してきたことや，適用範囲に疑問が生じていたため，こうした短期消滅時効はすべて廃止されました。

(3) 生命・身体侵害による損害賠償請求権の時効期間

　以上は消滅時効期間が短縮される話でしたが，逆に伸長されたものもあります。生命や身体が侵害された場合の損害賠償請求権（債権の一種）です。生命や身体は重要な法益ですので，これが侵害された場合の損害賠償請求権については，権利行使の機会をより長く認めるべきであるとして，「権利を行使することができる時」からの時効期間が10年から20年に伸長されています（改正民法167）。

改正民法

（人の生命又は身体の侵害による損害賠償請求権の消滅時効）
第167条　人の生命又は身体の侵害による損害賠償請求権の消滅時効についての前条第1項第2号の規定の適用については，同号中「10年間」とあるのは，「**20年間**」とする。

なお，人の生命又は身体が侵害された場合の損害賠償請求については，債務不履行を根拠に行う場合と，不法行為を根拠に行う場合の二つが考えられますが，不法行為を根拠に損害賠償請求を行う場合には，消滅時効については上記とは異なる条文が適用されます。もっとも，今回の改正で不法行為の消滅時効期間についても，損害及び加害者を知った時から5年（改正民法724の2），「不法行為の時から20年」（改正民法724①一）と変更されており，どのような法律構成をとるかで消滅時効期間に差がでてこないように，上記の債権の消滅時効期間の規定と平仄がとられました。

(4) 時効「中断」「停止」の概念が「更新」「完成猶予」に

　現行民法では，時効に関し，その事由があるとこれまで進行してきた時効はいったん消滅し，新たな時効が進行する時効の「中断」事由と，その事由があると一定期間，時効の完成を延期する時効の「停止」事由が設けられてきました。改正民法でもこのような考え方は引き継がれますが，これまで時効の「中断」と呼んでいたものが時効の「更新」に，時効の「停止」と呼ばれていたものが時効の「完成猶予」に，概念が変更されました。

　また，時効の「更新」は，その事由により権利の存在が明らかにされた（確証を得られた）ことに根拠があり，時効の「完成猶予」は，権利者が権利行使の意思を示したことに根拠があるとされ，かかる根拠に沿った形で，「更新」事由と「完成猶予」事由が整理されました。たとえば，仮差押えと仮処分はこれまで「中断」事由とされてきたため（現行民法147），「中断」に対応する概念である「更新」の事由となりそうですが，権利の存在が明らかにされたケースとまではいえ

ませんので，改正民法では「停止」に対応する用語である「完成猶予」事由として整理されています。したがって，仮差押えと仮処分については，改正民法施行後は，時効をリセットし新たな時効をスタートさせるのではなく，時効の完成をいったん延期させるだけの効果しかもたないことになります。

(5) 新しい時効の「完成猶予」事由：協議による時効の完成猶予

また，今回の改正ではこれまでの民法の条文にはなかった全く新しい時効の「完成猶予」事由が追加されました。それは，当事者間で「権利についての協議を行う旨の合意が書面でされたとき」に，次のうちのいずれか早いときまで時効の完成を猶予する，といったものです（改正民法151）。

① 合意から1年経過時
② （合意の中で定めたときはその）協議期間経過時
③ 一方が協議続行の拒絶を書面で通知してから6か月経過時

これらは，せっかく和解に向けて当事者間で協議していたのに，時効完成が近づくとこれを中断するために訴訟提起を検討せざるを得なかったというこれまでの実務の問題点を克服するために設けられました。

③にいう書面は電子メールの交換などの電磁的記録でもよいとされています。

たとえば，消滅時効にかかりかけている金銭消費貸借契約の貸付金返還請求権について弁護士に回収をお願いしたところ，相手方も弁護

士をたてて債務不履行に伴う損害賠償請求権といった反対債権との相殺などを主張して支払いを拒んできたケースを想定してみましょう。弁護士同士で内容証明郵便によって交渉期間を10か月と定め任意交渉を行う合意をしたとして、わずか1か月で一方の弁護士が他方の弁護士に電子メールで交渉打ち切りの連絡をしてきたと仮定した場合、①合意から1年後、②合意から10か月、③合意から7か月、となりますので、一番早い③の合意から7か月まで消滅時効の完成が猶予されることになります。

　図解すると下記の通りです。

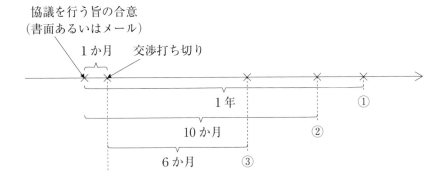

　協議中に再度こういった協議を行う旨を書面で合意し、さらに時効の完成を猶予することも可能ですが、完成猶予がなければ時効が完成すべき時から5年を超えて再延長を繰り返すことはできないこととされています（改正民法151②）。5年も経てば任意の協議による紛争解決はもはや期待できないからです。

　また、現行民法と同じく改正民法においても催告による完成猶予が設けられていますが、催告による完成猶予と「権利についての協議を行う旨の合意が書面でされたとき」の完成猶予はどちらかしか使えな

いことになっています。たとえば，催告を行い本来の時効期間を経過して時効の完成が猶予されているときにこの協議を行う合意を行っても時効の完成猶予期間は変わらず，協議を行う合意をして本来の時効期間を経過して時効の完成が猶予されているときに催告を行っても時効の完成猶予期間は変わりません。催告は，催告のときから6か月間で時効の完成を猶予させますが，再度の催告は認められていません。協議を行う旨の合意による時効の完成猶予については再度の合意は可能ですが，再度の合意ができない場合，時効の完成が猶予されるのは当事者間で定めた合意期間に限られることになります。したがって，6か月未満の協議期間を定めることに相手方が合意をしたものの，再度の合意に応じてくれるかどうかが微妙な場合，催告とどちらの手段がより当事者に有利になるかという問題が起きます。この点について当事者としては，難しい判断を迫られることになるでしょう。

3 税務実務への影響

(1) 時効消滅のタイミングの変化に注意が必要に

では，以上の消滅時効の改正部分は，税務実務にどのような影響を与えるでしょうか。

税務においては，債務があったにもかかわらず消滅時効の援用によって債務が消滅した場合，債権者には損失が，債務者には債務免除益が生じたと認定されることがありえます。債権者が法人の場合，債権消滅時の損金算入，個人の場合には，所得分類に応じて事業所得に関係する債権なら債権消滅時の必要経費算入（所法51②），譲渡所得

に関係する債権なら収入金額からの遡及的な控除（所法64①）が行われることになります。債務者に債務免除益が認定されると，法人の場合には益金算入（法法22②），個人の場合には総収入金額又は収入金額に計上（所法36①かっこ書，②）することになります。債務免除益が個人間で認定されると，みなし贈与として所得税ではなく贈与税が課せられることになります。

　もっとも債権・債務があったかどうかは通常は帳簿に記載がなければその把握は一般的には困難です。債権・債務が実際にはなかったにもかかわらず帳簿にだけなぜか記載が残っていることも考えられます。

　消滅時効の起算点やその期間の変更は，消滅時効が援用されたが法的にみた場合，債権・債務は本当に消滅しているのか，消滅しているとすればいつ消滅したと評価できるのか，所得計算や期ずれの問題とも深く関係しますので，正しい申告のためには改正民法の正しい理解が求められてきます。

　また，ほとんどの取引から生じた債権は契約締結時から5年と，あっという間に時効を迎えますから，これまで以上に債権を時効にかけない，時効にかかりそうな債権については適切に「更新」「完成猶予」を行っていく，といった債権の管理が事業者にとっては大事になってきます。

(2) 短期消滅時効の廃止の法人税基本通達 9－6－3への影響

　法人税基本通達9－6－3は，事実上の債権の貸倒れの損金算入について次のように定めています（貸倒れには，債権が法的に消滅した場合の「法律上の貸倒れ」と，事実上回収困難になった場合の「事実

上の貸倒れ」があります)。

○法人税基本通達９－６－３（一部省略）

（一定期間取引停止後弁済がない場合等の貸倒れ）
９－６－３　債務者について次に掲げる事実が発生した場合には，その債務者に対して有する売掛債権（売掛金，未収請負金その他これらに準ずる債権をいい，貸付金その他これに準ずる債権を含まない。以下９－６－３において同じ。）について法人が当該売掛債権の額から備忘価額を控除した残額を貸倒れとして損金経理をしたときは，これを認める。
(1)　債務者との取引を停止した時（最後の弁済期又は最後の弁済の時が当該停止をした時以後である場合には，これらのうち最も遅い時）以後１年以上経過した場合（当該売掛債権について担保物のある場合を除く。）
(2)　法人が同一地域の債務者について有する当該売掛債権の総額がその取立てのために要する旅費その他の費用に満たない場合において，当該債務者に対し支払を督促したにもかかわらず弁済がないとき

　上記通達の趣旨は，売掛債権の貸倒れ処理を行うにあたって，立証の難しい「支払不能」といった要件の立証を不要にして，証明対象をより容易な「債務者との取引を停止した」こと，「当該売掛債権の総額がその取立てのために要する旅費その他の費用に満たない」こと，「支払を督促したにもかかわらず弁済がない」こと，といったものに変換し，形式判断で貸倒処理を行えるようにしたことにあるとされています。

　ところで，上記(1)では取引停止から１年の経過で売掛債権の貸倒れ処理を認めています。これが認められているのは，現行民法では「生産者，卸売商人又は小売商人が売却した産物又は商品の代価に係

る債権」について2年の短期消滅時効（現行民法173一）が設けられていることも一つの理由として考えられるところです。

　今回の改正によって、当該条文が廃止され、売掛債権については消滅時効期間が原則として5年に延長されますので、このように1年の経過で貸倒損失を認めることは若干バランスを欠いた処理になってしまうとも思えます。

　もっとも、本通達は、取引停止から1年も経過すれば、売掛債権の回収はほぼ不可能である、これで貸倒れを認めないのは実体にあっていない、という経験則に基づいたものであると理解されれば、引き続きこのような特例的な取扱いは認められ続ける可能性があります。

(3) 国税通則法においても「更新」「完成猶予」に概念変更

　今回の民法改正で「中断」を「更新」に、「停止」を「完成猶予」に概念変更したことから、租税の徴収権の時効を定める国税通則法73条・地方税法18条の2の「中断」「停止」の概念も、これと平仄を合わせ「更新」「完成猶予」に改正されることになりました。民法があらゆる法律の基礎となっていることが、このことからもわかると思います。

　また、租税の徴収権の時効は法定納期限から5年間で（通則法72①、地法18①）、更正、加算税等賦課決定等があった場合は納付期限まで消滅時効が「完成猶予」され、納付期限がくると「更新」されることになっています。

　租税債権の時効については、別段の規定がない限り民法の規定が準用される（通則法72③・地法18③）とされていることから、修正申告を行った場合などには民法でいうところの「承認」（改正民法152）が

あったとして消滅時効が「更新」されることになります。

　もっとも，民法のいう「催告」（改正民法150）で消滅時効が「完成猶予」されるかについては，これをみとめる判例も過去にはありましたが（最判昭和43年6月27日民集22巻6号1379頁），私人と異なり国等には納税義務の内容を確定する権限や強制的に徴収することができる権限があることから，わざわざ私人間におけるような「催告」による消滅時効の「完成猶予」を認める必要があるのか，といった消極的な見解もあります（金子宏『租税法［第22版］』（弘文堂，2017年）813-814頁）。

(4) 税理士報酬の時効期間

　現行民法172条には，弁護士，弁護士法人又は公証人の職務に関する債権につき，2年の短期消滅時効が定められています。もっとも，税理士や税理士法人についてはこのような短期消滅時効の規定はないため，これまで税理士の報酬は，委任契約ないし準委任契約に基づく報酬債権として通常の10年間の時効でした。

　これが今回の改正により，報酬発生時から原則として5年に短縮されます。

　5年は長いようですが，債権回収の準備をしているうちに，気づいたら経過していたという事態が今まで以上に増えていくことが予想されます。報酬債権を消滅時効にかからせない，消滅時効にかかりそうな報酬債権については適切に「更新」「完成猶予」を行っていく，といった顧客の債権の管理がこれまで以上に大事になってきます。

まとめ

・債権の消滅時効期間に債権者が権利を行使できることを知った時から5年が追加され、契約によって発生する債権については実質的に10年から5年に短縮されました。

・税理士報酬も10年から5年に消滅時効期間が実質的に変更されるためこれまで以上に顧客の債権管理が大事になってきます。

・売掛金は2年といった短期消滅時効が廃止され、一律実質5年とされました。このことは取引停止後1年の経過で売掛債権の貸倒処理を認める現在の通達での取扱いに影響を与える可能性もあります。

・時効の「中断」は「更新」に、「停止」は「完成猶予」に概念変更され、国税通則法もこれに平仄を合わせました。仮差押えと仮処分は「完成猶予」に分類しなおされました。

法定利率

第3章

1 現行民法

法定利率とは、民法に定められている債権の利息の利率のことです。現行民法では、法定利率は固定の年5分です。

> **現行民法**
>
> （法定利率）
> **第404条** 利息を生ずべき債権について別段の意思表示がないときは、その利率は、年5分とする。

利率について別段の意思表示がある場合、そちらの利率に従うことになります。したがって、法定利息が問題となる場面というのは、利息が発生する状況下で、その利率を別途定めなかったとき、です。そのような利息としては、たとえば次のようなものがあります。

① 利息の支払い約束はしたが、利率までは定めなかった場合の利息
② 金銭の給付を目的とする債務の不履行の場合の損害賠償請求において発生する利息（ただし、別途この利息について、法定利率を超える利率を当事者間で定めているときは、法定利率ではなく、その約定された利率によることになります（民法419））
③ 契約を解除したときの金銭返還にあたって発生する利息（民法545②）
④ 悪意の不当利得者が金銭を返還する場合に発生する利息（民法704）

2 改正民法のポイント

(1) 法定利率が年3％スタートの3年おき変動制に

　現行民法における民事5％（商事は商法514条により6％）の法定利率は，立法当時の市場金利に即したものでした。しかしながら長い月日が流れ，近年の低い市場金利とは乖離が生じてきていました。そこで，その乖離を少なくするために，まずは年3％でスタートすることにしました。その上で，将来市場金利が変動するごとに民法を改正することは現実的ではないことから，3年ごとに短期の銀行貸付の平均利率を参考にして見直しを行うという制度に変更されました。

改正民法

　第404条　利息を生ずべき債権について別段の意思表示がないときは，その利率は，**その利息が生じた最初の時点における法定利率**による。

2　法定利率は，**年3パーセント**とする。

3　前項の規定にかかわらず，法定利率は，法務省令で定めるところにより，**3年を1期として，1期ごとに，次項の規定により変動する**ものとする。

4　各期における法定利率は，この項の規定により**法定利率に変動があった期のうち直近のもの**（以下この項において「直近変動期」という。）**における基準割合と当期における基準割合**との差に相当する場合（その割合に1パーセント未満の端数があるときは，これを切り捨てる。）を直近変動期における法定利

> 率に加算し，又は減算した割合とする。
> 5　前項に規定する「**基準割合**」とは，法務省令で定めるところにより，各期の初日の属する年の6年前の年から1月から前々年の12月までの各月における短期貸付けの平均利率（当該各月において銀行が新たに行った貸付け（貸付期間が1年未満のものに限る。）に係る利率の平均をいう。）の合計を60で除して計算した割合（その割合に0.1パーセント未満の端数があるときは，これを切り捨てる。）として法務大臣が告示するものをいう。

　条文の記載だけをみてもわかりにくいので，数字をあてはめて計算してみたいと思います。

　たとえば，直近変動期における法定利率が3％，①直近変動期の基準割合（直近変動期の6年前から2年前の短期貸付の平均利率）が1.5％，②当期見直し時期の基準割合（当期の6年前から2年前の平均）3.8％であったとします。

　そうすると，②－①＝2.3＞1（1.0以上なら変動させる）ですから，2％（利率の場合，整数が良いということで小数点未満は切り捨てることになります。）を直近変動期における法定利率3％に加算することになります。そして当期の法定利率は，5％になります。

　なお，今回の改正に伴い，商行為によって生じた債務に適用されていた年6分の法定利率を定める商法514条は廃止されます。廃止後は，商行為によって生じた債務には民法と同じ法定利率が適用されます。

(2) 法定利率適用の基準時

　法定利率が変動するということになると，いつの時点の法定利率で計算するのかが，重要な問題になります。

　この点について改正民法は，「その利息が生じた最初の時点」（民法404①）と定めています。先ほどの例でいうと，具体的には次のようになります。

① 利息の支払い約束はしたが利率を当事者間で定めなかった場合の利息　⇒　消費貸借契約締結時
② 金銭給付の債務不履行の場合の損害賠償請求において発生する利息　⇒　債務者が遅滞の責任を負った最初の時
（ただし，現行民法と同じように，その時の法定利率を超える約定利率を設けているときはそれによります（改正民法419）。）
③ 契約解除時の金銭返還にあたり発生する利息（民法545②）
　⇒　金銭受領時
④ 悪意の不当利得者による金銭返還時に発生する利息（民法704）
　⇒　不当利得時

　なお，将来利益（逸失利益を想定）の中間利息控除については民法に規定はありませんでしたが，判例では法定利率で行うというものがありました（最判平成17年6月14日民集59巻5号983頁）。今回の改正では，このことが条文で明記されるとともに，いつの時点の法定利率によるかについては，損害賠償請求権発生時（事故発生時）の法定利率による，とされました（改正民法417の2）。

　中間利息控除が年5％から当面は年3％で計算されることになりま

したので，損害賠償額がこれまでよりも大きくなり，保険料もこれに合わせ値上がりすることが予想されています。

3 税務実務への影響

(1) 法定利息計上額

　法定利率での法定利息が発生する場面では，これを収入ないし益金計上する必要があります。また，これを免除するということになると，収受をしない法人には寄附金課税が，また支出を免れた個人や法人には贈与や免除益が発生します。

　これらの場合に，法定利息をいくら計上するかにおいては，これまでは民事では5％，商事では6％と一律に考えれば済んだのですが，今後は，3年おきに法定利率が変動していく可能性がありますので，どの時点の法定利率をとるべきなのか，そのときの法定利率はいくらであったのかに注視していく必要があります。

　また，金銭債務の不履行に基づく損害賠償請求の場合のように約定利率が優先される場合もありますので，約定利率が定められていないか，約定利率が適用される法定利率を超えていないか，についても留意が必要となります。法定利率がガクンと3％に下がったところからスタートすることから，顧問契約書を作成する際には，これまで以上に履行遅滞の場合の損害賠償の利率の合意（賠償額の予定）をすることが重要となったといえるでしょう。

(2) 法定利率と特例基準割合との関係

　所得税基本通達は，使用者が役員又は使用人に貸し付けた金銭の利息相当額について，以下のとおり他から借り入れて貸し付けた場合を除いて，短期の銀行貸付の平均利率を参考に評価することを定めています。

○所得税基本通達

（利息相当額の評価）
36－49　使用者が役員又は使用人に貸し付けた金銭の利息相当額については，当該金銭が使用者において他から借り入れて貸し付けたものであることが明らかな場合には，その借入金の利率により，その他の場合には，貸付けを行った日の属する年の租税特別措置法第93条第2項≪利子税の割合の特例≫に規定する**特例基準割合**による利率により評価する。

※　**特例基準割合**　各年の前々年の10月から前年の9月までの各月における短期貸付けの平均利率（当該各月において銀行が新たに行った貸付け（貸付期間が1年未満のものに限る。）に係る利率の平均をいう。）の合計を12で除した計算した割合（当該割合に0.1パーセント未満の端数があるときは，これを切り捨てる。）として各年の前年の12月15日までに財務大臣が告示する割合に，年1パーセントの割合を加算した割合をいいます（租特法93②）。

　なお，平成28年12月12日の財務大臣告示は，年0.7％でしたので，平成29年1月1日～平成29年12月31日の特例基準割合は，0.7％＋1.0％＝1.7％，になります。そのため，この期間の利子税・還付加算金割合は，1.7％（延滞税は，納期限翌日の2月経過日までは1.0％を加え

た2.7％，その後は7.3％を加えた＝9.0％。）になります。上記通達により，使用者が役員又は使用人に貸し付けた金銭の利息もこれと同率の1.7％（ただし，ひも付きの場合は借入金利率）で計算することになります。

　この特例基準割合は，改正民法における法定利率と同じ短期の銀行貸付の平均利率を参考にしているものの，その抽出期間が1年と短く，また改正民法のように直近変動期における平均利率との差を，現行の利率に加減するといった算式になっているわけではないため，同じく市場金利を念頭におきながらも，民法の法定利率とはズレが生じうる設計となっています。

　したがって，使用者が役員又は使用人に貸し付けた金銭（当該金銭が使用者において他から借り入れて貸し付けたものであるときは除く。）について，仮に利息の支払いの合意をしたものの利率について合意をせず，かつ利息の請求をしなかった場合，民法上は法定利率で利息を請求できるものの，税務上は，これと異なる利率で貸し付けたものと評価される，といった事態が生じえます。こうした事態は，現行の民法においても生じうることでした。このような場合，実務上は法定利率で利息を実際に受け取ったときには，それに従った税務処理を行うことになります。他方，税務上利息の収受があったとみなされる利率以上の支払を求めることはしないというときには，改めて当事者間で利息の支払利率を税務上の特例基準割合で約定し，利率については法定利率によるのではなく，この約定利率を合意に基づいて遡及適用して支払いを行うことが考えられます。

　このあたりの問題については，利息の支払いがあったものとして税金を納めるが，実際に利息を支払うことはしない，といった会社とし

ての経営判断を行うことも考えられるところです。

(3) 変動する法定利率が貸付利息(時価)算定の参考値に

　貸付利息の時価は，同じ条件で他から借り入れた場合の利息がベースとなるのが原則です。そのような利息は，貸主と借主の関係，担保の有無とその種類，貸付期間などさまざま要素に基づいて決まりますので，特例基準割合や法定利率そのものが必ずしも時価になるわけではありません。

　もっとも，法定利率が市場動向を反映した変動利率を採用することになったことからすれば，貸付利息の時価を考える上では，これまでよりは参考にしやすい数値になったとはいえるでしょう。

まとめ

・民法の法定利率が年5％の固定制から年3％スタートの3年おき見直しの変動制になりました。

・商法の年6％固定の法定利率は廃止され，商行為によって生じた債務についても民法と同じ法定利率となりました。

・法定利率が大きく下がることから，顧問契約書を締結する際には，これまで以上に履行遅滞の場合の損害賠償の利率の合意（損害額の予定）を行う必要性が増しました。

・損害賠償額の計算における中間利息控除は法定利率で行うことが明文化されました。法定利率が大きく下がることから中間利息控除額は大きく減少し，損害賠償額はこれまでよりも増加します。これに合わせて保険料も値上がりすることが予想されます。

・市場金利を基に利率を計算する点は利子税，還付加算金，延滞税の割合と同じですが，抽出期間や計算方法が異なっているため，ズレが生じうる設計になっています。

債務不履行による損害賠償

第4章

1 現行民法

(1) 過失責任原則

債務不履行による損害賠償については，現行民法では次のように定められています。

> **現行民法**
>
> （債務不履行による損害賠償）
> 第415条　債務者がその債務の本旨に従った履行をしないときは，債権者は，これによって生じた損害の賠償を請求することができる。債務者の責めに帰すべき事由によって履行をすることができなくなったときも，同様とする。

　上記条文の記載ぶりからすれば，債務の不履行の中でも債務が履行不能になったことによる不履行の場合にだけ「債務者の責めに帰すべき事由」がないことによる免責が可能で，しかもその主張立証は損害賠償請求を行う債権者の方で行わなければならないようにも読めそうです（債務者が主張立証責任を負うとする場合には，「ただし，その債務の不履行が，債務者の責めに帰することができない事由によるものであるときは，この限りでない。」といったような形式で条文を設けるのが通常です）。

　もっとも，現行民法の解釈として，債務不履行の中で履行不能だけを特別に扱うのではなく，すべての債務不履行について，「債務者の責めに帰すべき事由」がなければ，損害賠償請求はできないものと解

されています。また，このような「債務者の責めに帰すべき事由」がないことについては，債権者ではなく債務者が主張し立証すべきものと解されています。

　この「債務者の責めに帰すべき事由」については，学説においては，一般的な過失（落ち度）と同義であると述べているものもあり，このような立場からすれば現行民法の債務不履行の損害賠償責任は過失責任原則を採用している，ということになります。

　なお，民法の原則は以上のようなものであったとしても，当事者がこの過失責任原則によらないことを合意することは可能です（当事者が合意すればそこに定める内容とは異なる別のルールに従うことを認める規定のことを任意規定と呼んだりします）。たとえば特定の瑕疵については「債務者の責めに帰すべき事由」がなかったとしても，つまり，上記学説によれば無過失であったとしても損害賠償を負う旨を合意することもできると考えられています。

(2) 最初から履行不能な債務では債務不履行責任が発生せず

　(1)で述べたように債務の履行が不能となったとき，債務者は帰責事由がないことを立証しない限り損害賠償責任を負うことになります。ただ，現行民法では「債務者の責めに帰すべき事由によって履行をすることができなくなったとき」に損害賠償請求ができる旨を定めており，最初から債務の履行ができないとき，については何も書いてありません。そのため，学説の中には，「人は不可能なことを義務づけられない」という法原則が存在することを理由に，最初から履行することが不能な債務については，そのような債務を発生させる契約自体が無効であるから発生しない，したがって債務がないのであるから

何らの債務不履行責任も発生しない、つまり損害賠償請求はできないと解するものもあります。

(3) 履行不能概念

履行不能といった場合、現行民法では直接の規定はありませんが、いくつかの類型があり、①物理的に履行が不能な場合（たとえば目的物が滅失したとき、演奏する債務を履行すべき会場が消滅したときがこれにあたります）、②社会通念上、履行が不能となった場合（たとえば、法律によって取引が禁止されたとき、不動産が二重譲渡され登記が経由されたときなどがこれにあたります）がこれに該当するものと整理されてきています。

(4) 債務の履行に代わる損害賠償請求

現行民法では、条文はありませんが、次のような場合においては、不履行によって生じた損害の賠償を請求することに加えて、債務の本旨に従って債務の履行がなされていたならば債権者で得たであろう利益の賠償請求（履行に代わる損害賠償請求、あるいは填補賠償請求とも呼ばれます。）ができると解されています。

① 履行不能の場合（最判昭和30年4月19日民集9巻5号556頁）
② 債務者が履行を拒絶する意思を明確に表示した場合（東京地判昭和34年6月5日判時192号21頁）
③ 催告後相当期間が経過した場合（大判昭和8年6月13日民集12巻1437頁）
④ 定期行為（特定の日時に履行をしなければ契約をした目的を達

することができない債務などを指します（民法542））の履行を遅滞した場合（大判大正4年6月12日民録21輯931頁）

このような填補賠償請求をしたときに本来の履行請求権を失うかについては，学説上は争いがあります。

2 改正民法のポイント

(1) 過失責任原則からの脱却

1(1)で述べたように，現行民法の条文の記載ぶりは，債務の不履行の中でも債務が履行不能になったことによる不履行の場合にだけ「債務者の責めに帰すべき事由」がないことによる免責が可能で，しかもその主張立証は損害賠償請求を行う債権者の方で行わなければならないようにも読めてしまうものでした。そのため，改正民法では誤解がないように次のように表現を改めています。

改正民法

> 第415条　債務者がその債務の本旨に従った履行をしないとき又は債務の履行が不能であるときは，債権者は，これによって生じた損害の賠償を請求することができる。ただし，その債務の不履行が，契約その他の当該債務の発生原因及び取引上の社会通念に照らして債務者の責めに帰することができない事由によるものであるときは，この限りでない。

したがって，現行民法の解釈と同じように，債務の不履行について「債務者の責めに帰すべき事由」がなければ損害賠償請求はできません。このような「債務者の責めに帰すべき事由」がないことについては，債務者が主張し立証していく必要があります。

また，1(1)で述べたとおり現行民法については「債務者の責めに帰すべき事由」につき，学説の中には，一般的な過失（落ち度）と同義であると述べているものもあったため，これが過失とは異なることを明らかにすべく，改正民法においては，帰責事由があるかどうかは「契約その他の当該債務の発生原因及び取引上の社会通念に照らして」考えることを明記しています。

したがって，「債務者の責めに帰すべき事由」があるかどうかは，契約から離れて一般的な意味での過失（落ち度）があるかどうかではなく，契約の内容と取引上の社会通念に照らして考えていく必要があることになりました。改正後の民法では，債務不履行の損害賠償責任は過失責任原則を採用しているという説明は誤りということになります。なお，債務不履行の損害賠償責任とその額につき，債権者の過失と相殺することができますが，その際に考慮されるものは債権者の帰責事由ではなく債権者の「債務の不履行又はこれによる損害の発生若しくは拡大」に関する「過失」となります（改正民法418）。

民法の原則は以上のようなものであったとしても，当事者がこの原則によらないことを合意することが可能な点は現行民法と同じです。たとえば特定の瑕疵については「債務者の責めに帰すべき事由」がなかったとしても損害賠償を負う旨を合意することもできます。

(2) 最初から履行不能な場合も後発的な履行不能と同じ取扱いに

　1(2)で述べたように債務の履行が不能となったとき，債務者は帰責事由がないことを立証しない限り損害賠償責任を負います。旧民法では「債務者の責めに帰すべき事由によって履行をすることができなくなったとき」に損害賠償請求ができる旨を定めており，最初から債務の履行ができないとき，については何も書いてありませんでした。そのため，かつての旧民法の学説の中には，「人は不可能なことを義務づけられない」という法原則が存在することを理由に，最初から履行することが不能な債務については，そのような債務を発生させる契約自体が無効であるから発生しない，したがって債務がないのであるから何らの債務不履行責任も発生しないと解するものがありました。

　改正民法では，履行が不能となったタイミングが契約締結前か後かで損害賠償請求ができるかどうかが分かれるのは公平とはいえないということで，契約締結前に履行が不能となった場合でも，契約は無効とならず，いつ履行が不能となったかを問わずとにかく「債務の履行が不能であるとき」には，「債務者がその債務の本旨に従った履行をしないとき」と同じく損害賠償請求を行えることになりました（改正民法412の2②）。なお，契約締結時から既に履行が不可能な債務を発生させることを目的とする契約であっても有効であることが前提とされていますので，債権債務を消滅させるには解除を行うことが必要となります（民法542①一）。

(3) 履行不能概念の拡大

　1(3)で述べたように履行不能といった場合，これまで①物理的に履

行が不能な場合，②社会通念上，履行が不能となった場合がこれにあたると整理されてきました。

改正民法では，履行不能について「債務の履行が契約その他の債務の発生原因及び取引上の社会通念に照らして不能であるとき」と表現されました。この中には①②に加えて，③履行により債権者が得られる利益が履行のために債務者の要するコストと比べてあまりにも小さい場合も含まれると理解されています。たとえば，瑕疵が重要でない場合において，その修補に過分の費用を要するときなどが③のケースにあたります。したがって，瑕疵が重要でない場合で，その修補に過分の費用を要するときには，瑕疵修補債務は民法上もはや履行不能の債務となり，債権者は，その債務の履行を請求することはできなくなります（改正民法412の2①）。

(4) 債務の履行に代わる損害賠償の明文化

1(4)で述べたとおり，現行民法では，条文はありませんが，判例において，一定の場合に，履行に代わる損害賠償請求（填補賠償請求）が認められてきました。改正民法ではこのような場合を整理して，次のように明文化されました。

改正民法

第415条　＜略＞

2　前項の規定により損害賠償の請求をすることができる場合において，債権者は，次に掲げるときは，債務の履行に代わる損害賠償の請求をすることができる。

一　債務の履行が不能であるとき。

> 二　債務者がその債務の履行を拒絶する意思を明確に表示したとき。
> 三　債務が契約によって生じたものである場合において，その契約が解除され，又は<u>その債務の不履行による契約の解除権が発生したとき。</u>

　上記条文には，「その債務の不履行による契約の解除権が発生したとき」も含まれており，契約の解除までは求めていないことがわかります。現行民法でも，裁判例においては催告後相当期間が経過した事案において，契約の解除をせずとも履行に代わる損害賠償請求ができると判断してきていました（大判昭和8年6月13日民集12巻1437頁）。これを一般化して，他の場合でも解除権が発生していればこれを認めるとの立場を改正民法はとりました。その意味では，履行に代わる損害賠償ができる場合が，これまでよりも若干広がったということができます。

　なお，履行に代わる損害賠償権については，履行請求権が履行不能又は契約解除によってはじめて履行に代わる損害賠償権に転形するといった理解をする立場が現行民法ではありました。しかし，改正により，契約解除がなされていなくとも解除権が発生していれば履行に代わる損害賠償権が認められることになりました。よって，このような立場は採用していないということになります。

　履行に代わる損害賠償を請求したときに履行請求権を失うかについては現行民法においても学説上争いがありますが，今回の改正ではこの点について規律することが見送られたため，争いは改正民法においても引き継がれることになります。

3 税務実務への影響

(1) 債務不履行に基づく損害賠償金の税務上の取扱い

　債務不履行に基づく損害賠償金の税務上の取扱いについては，所得税につき，一定の損保契約に基づく給付金で心身に加えられた損害に対して支払を受ける慰謝料その他の損害賠償金などを担税力等との関係で非課税とされているほかは（所法9①十七，所令30），基本的にはもともと負担していた債務部分を除いて受領側の収益又は益金となります。また，支払側については，所得税につき，事業所得などを生じさせる業務に関連して，故意又は重大な過失によって他人の権利を侵害したことにより支払う損害賠償金につき必要経費に算入されないとされていますが（所法45①七，所令98），それ以外の損害賠償金は支払側の必要経費又は損金となります。

　したがって，債務不履行に基づく損害賠償金が現に発生しているのかどうかは，税務上も重要な事項といえ，改正民法についての正確な理解が求められることになります。

　なお，実務では，損害賠償額の予定を契約書に設けることが多いですが，現に生じた損害の額や賠償額の予定をした目的等を考慮して，賠償額の予定のうち著しく過大と認められる部分等について，民法90条の公序良俗違反等を理由に無効とする実務が定着しています（東京地判平成9年11月12日判タ981号124頁など）。この点は改正後も取扱いは同じで，あまりに過大な損害賠償額が定められている場合には，その金額を修正する必要があります。

(2) 損害賠償金の計上のタイミング

　損害賠償金を計上するタイミングについては，原則は，支払額が確定した事業年度に取得側は収益又は益金算入，支払側は必要経費又は損金算入することになりますが，法人については，例外的に実際に支払いを受けた事業年度まで計上のタイミングを遅らせることが通達によって認められています（法基通2 – 1 – 43）。

　ただし，この通達では「他の者から支払を受ける」損害賠償金に限定してこのような現金主義を認めていることから，自社の役員や従業員の横領などの不正によって支払を受ける損害賠償金については，このような例外的な取扱いは認められていません（東京高判平成21年2月18日税資259号順号11144）。

　今回の改正で損害賠償請求権の性質自体が変化したわけではありませんので，このような宥恕的な取扱いは今後も認められるものと考えられます。

まとめ

- 債務不履行責任を問う上で、債務者に過失（落ち度）があるかではなく、契約その他の債務の発生原因及び取引上の社会通念に照らして債務者の責に帰すべき事由があるかどうかで判断することになりました。
- 最初から履行不能な契約も当然に無効ではなく、有効な契約として扱われることになりました。
- 履行により得られる利益が履行に要するコストを大幅に上回っている場合も、履行不能な契約として扱われることになりました。
- 債務不履行により解除権が発生していれば、解除をせずとも履行に代わる損害賠償請求が相手方にできるようになりました。
- 税理士としては、受け取った損害賠償金が非課税とされる場合、支払った損害賠償金の必要経費算入が否定される場合に精通することに加えて、そもそもどのような場合に民法上損害賠償請求権が発生するのかにつき精通しておく必要があります。

契約の解除

第5章

1 現行民法

現行民法では，解除については，次のように3つの場合にわけて規定しています。

> **現行民法**
>
> （履行遅滞等による解除権）
> 第541条　当事者の一方がその債務を履行しない場合において，相手方が相当の期間を定めてその履行の催告をし，その期間内に履行がないときは，相手方は，契約の解除をすることができる。
>
> （定期行為の履行遅滞による解除権）
> 第542条　契約の性質又は当事者の意思表示により，特定の日時又は一定の期間内に履行をしなければ契約をした目的を達することができない場合において，当事者の一方が履行をしないでその時期を経過したときは，相手方は，前条の催告をすることなく，直ちにその契約の解除をすることができる。
>
> （履行不能による解除権）
> 第543条　履行の全部または一部が不能となったときは，債権者は契約の解除をすることができる。ただし，その債務の不履行が債務者の責めに帰することができない事由によるものであるときは，この限りでない。

第541条と第542条には，第543条にあるただし書きがないため，債務の不履行が債務者の責めに帰することができない事由によるものであっても解除ができそうな規定振りになっています。

　しかし，民法の通説では，解除は債務者の債務不履行に対する責任追及の手段，いわば制裁なのであるから，第541条と第542条の債務者の債務不履行の場合であっても債務者の責めに帰することができる事由がなければその責任を問うことはできない，と解されています。

　債務の履行が不可能となった場合については，条文で解除には債務者の帰責事由が必要とされていますが，債務者に帰責事由がなく債務の履行がもはや不可能となった場合には，債権者は解除ができず，債権者が履行すべき反対債務が消滅するか，そのまま残るかという点のみが問題となります。民法では債務者の帰責事由によらずに債務が履行不能になった場合にどちらの当事者がその危険を負担すべきかの問題を「危険負担」と呼びます。現行民法では，履行不能につき債権者に責めに帰すべき事由があれば債権者の負う反対債務は存続し，帰責事由がなければ原則として消滅します。つまり，債権者と債務者の双方に帰責事由がなければ原則として債務者が反対債務の履行を受ける利益を失い，危険を負うことになります。

2 改正民法のポイント

(1) 解除に債務者の帰責事由は不要に

　以上のような現行民法の解除に対する考え方が改正民法では劇的に変わりました。改正民法では，解除を責任追及の手段としてではな

く，債務不履行をされた債権者を契約の拘束力から解放するための手段と位置付けました。債権者を契約の拘束力から解放するうえで，債務者の帰責事由は必ずしも必要ではないため，これがなかったとしても，解除はできることになりました。このことを明確にすべく現行民法543条のただし書きは改正民法では削除されました。民法541条と民法542条にはもともと帰責事由のことについては記載していなかったため，そのままただし書きのない条文が改正民法となっていますが，解除に債務者の帰責事由はいらないという考え方はこれらの場合にもあてはまります。

　もっとも，債権者は解除に伴って債務者に損害賠償請求をすることもできますが（現行民法543③），損害賠償請求は債務不履行を行った債務者に対する責任追及の手段ですから，損害賠償請求をするには債務者の帰責事由は必要になります。このことは改正後も変わりません。つまり，債務者の帰責事由は解除の要件ではなく，解除に伴う損害賠償の要件に純化されたということです。

(2) 軽微な不履行では催告解除不可

　ところで，改正民法では解除については債務者の帰責事由までは必要でないとの立場をとっていますが，これとは別に解除を行使する際に，債務の不履行が当該契約と取引上の社会通念に照らして軽微でないことが条文上要求されることになりました。

改正民法

第541条1項
　当事者の一方がその債務を履行しない場合において，相手方

> が相当の期間を定めてその履行の催告をし，その期間内に履行がないときは，相手方は，契約の解除をすることができる。
> <u>ただし，その期間を経過した時における債務の不履行が当該契約及び取引上の社会通念に照らして軽微であるときは，この限りでない。</u>

　この債務者の債務不履行が軽微かどうかの評価の時点は債務不履行の時ではなく，相当期間を定めた上で履行催告をして「その期間を経過した時」であることに注意が必要です。

　債務不履行が当該契約及び取引上の取引通念に照らして軽微かどうかの判断にあたって，何をもって軽微とするか，どうやって具体的には判断していくかは実務の取扱いに委ねられていますが，大きく分けて，①付随的な義務の不履行にすぎない場合と，②不履行部分が数量的にわずかである場合の二つが考えられるところです。

　①については，現行民法の判例でも問題となったことがあります。具体的には，土地の売買において固定資産税の負担を怠った場合における解除について，次のように判示され，これが否定された事例があります。

> 　法律が債務の不履行による契約の解除を認める趣意は，契約の要素をなす債務の履行がないために，該契約【編注：原文ママ】をなした目的を達することができない場合を救済するためであり，当事者が契約をなした主たる目的の達成に必須的でない附随的義務の履行を怠つたに過ぎないような場合には，特段の事情の存しない限り，相手方は当該契約を解除することができないものと解するのが相当である。

（最判昭和36年11月21日民集15巻10号2507頁）

上記判例では「当事者が契約をなした主たる目的の達成に必須的」かどうかが重視されています。しかし，改正民法では契約目的の達成がなお可能かどうかに関係なく，債権者を当該契約のものに拘束しておくことが期待できないほどの「軽微」でない債務不履行があれば解除できる形になっています。契約目的の達成がなお可能なことを立証すれば，ただちに「軽微」な債務不履行として解除を免れる形にはなっていません。

(3) 無催告解除が認められる場合を整理

また，改正民法では，現行民法の民法542条と同543条を，次のように催告を行わずに解除ができる場合の一事例として扱うとともにともに，これまで条文にはないものの解釈上，催告なくして解除ができると解されてきた事例も含めて，一つの条文に整理されました。

改正民法

第542条　次に掲げる場合には，債権者は，前条の催告をすることなく，直ちに契約の解除をすることができる。
一　債務の全部の履行が不能であるとき。
二　債務者その債務の全部の履行を拒絶する意思を明確に表示したとき。
三　債務の一部の履行が不能である場合又は債務者がその債務の一部の履行を拒絶する意思を明確に表示した場合において，残存する部分のみでは契約をした目的を達することができないとき。
四　契約の性質又は当事者の意思表示により，特定の日時又

>　　は一定の期間内に履行をしなければ契約をした目的を達することができない場合において、債務者が履行をしないでその時期を経過したとき。
>　五　前各号に掲げる場合のほか、債務者がその債務の履行をせず、債権者が前条の催告をしても契約をした目的を達するのに足りる履行がされる見込みがないことが明らかであるとき。
> 2　次に掲げる場合には、債権者は、前条の催告をすることなく、直ちに契約の一部を解除することができる。
>　一　債務の一部の履行が不能であるとき。
>　二　債務者がその債務の一部の履行を拒絶する意思を明確に表示したとき。

　改正民法542条1項5号は、「債務者がその債務の履行をせず、債権者が前条の催告をしても契約をした目的を達するのに足りる履行がされる見込みがないことが明らかであるとき」について広く一般的に催告なしで解除ができる場合として扱う、いわゆる受け皿規定になっています。

　これまで債権各論の中で催告なしで解除ができる場合として規定されてきた、①数量不足の場合、②瑕疵担保責任のある場合、③請負において瑕疵担保責任がある場合、④信頼関係破壊の法理があてはまる場合なども、この受け皿規定で拾われることになります。そのため、この規定で拾うことのできる債権各論の条文はすべて削除されることになりました。

(4) 債権者に帰責事由がある場合には解除不可

　以上のように債務者に帰責事由があるかないかは解除の要件とはならず，解除に伴い損害賠償を行うときのみ必要な要件となりましたが，改正民法では，解除を行う債権者の側に帰責事由があるときは解除ができないとする規定が新たに設けられました。

改正民法

第543条　債務の不履行が債権者の責めに帰すべき事由によるものであるときは，債権者は，前2条の規定による契約の解除をすることができない。

　債務者の債務不履行について帰責事由のある債権者に対してまで，契約の拘束力から解放するための手段である解除権の行使を認める必要はないからです。催告を行った上での解除も認められていません。
　それでは，債権者のみならず債務者にも帰責事由があった場合はどうなるのでしょうか。このような場合にも債権者に帰責事由があることには変わりはないため，解除はできないようにも思えます。ただ，債務者にも帰責事由がある場合には，その程度によっては債権者を契約の拘束力から解放してあげてもよいとする考え方もありうるところです。これについては，確定的な解釈があるわけではないので，今後の実務の中で解決されていくことになります。

(5) 危険負担の効果が反対債務の消滅から履行拒絶に

　現行民法では，債務が履行不能となったケースにおいて，そのこと

について債務者に帰責事由がない場合には解除ができず，残った債権者の負う反対債務は，債権者にも履行不能につき帰責事由がないのであれば，消滅すると扱われてきました。しかし，改正民法では，履行不能の場合に債務者に帰責事由がなくとも債権者は自身に帰責事由がない限り解除はできることとなりましたので，何もしなくとも反対債務が消滅してしまうという現行民法の扱いはこれと矛盾することになります。そのため，改正民法では，このような場面でも反対債務は消滅せず，ただ債権者に帰責事由がないのであれば，その履行を拒むことができる，という形に修正しました。

> **改正民法**
>
> （債務者の危険負担等）
> 第536条　当事者双方の責めに帰することができない事由によって債務を履行することができなくなったときは，債権者は，反対給付の履行を拒むことができる。

　債権者が自身の負う反対債務を消滅させ，契約の拘束力から解放されるには，必ず解除が必要となる形に整理されたわけです。今後は，債権者としては契約の拘束力から解放され，反対債務から最終的に逃げたいなら解除を行い，特に逃げなくても良いというケースなら履行を拒絶することになります。このようにこれまで危険負担というのは債務が履行不能となった場合の反対債務の消滅の問題でしたが，今後は反対債務の履行拒絶の問題となりました。

3 税務実務への影響

(1) 催告解除の要件に「軽微」でないことが追加

　いったん有効に成立した譲渡契約や贈与契約等に基づいて申告書を提出した後に契約解除を行った場合，解除を理由に，納付した税額が還付されるかが問題となります。

(a) 個人の事業所得以外の所得

　まず，譲渡契約等により発生した所得が事業所得ではない場合，事後的な更正の請求が可能です（通則法23②三，通則令6①二）。遡及的に契約の効力を失わせる直接効果説と親和的な考え方がとられています。

　新たな当事者間の合意としての合意解除については，「やむを得ない理由」（通則法23②三，通則令6①二）によるものでない限り，更正の請求は認められないとされています（最決昭和62年1月22日判時1227号34頁）。これは，合意解除は新たな契約を結んでいるだけですので，新たに課税要件事実が生じたものとして，原則として合意解除時においてその経済的効果に対し課税すべきものと考えられるからです。これによれば「やむを得ない理由」がない限り，原契約締結時ではなく合意解除時に必要経費や損金に算入されることになります。もっとも，法定申告期限前であれば，暦年終了後の合意解除を反映した確定申告が許されると解されています（東京地判昭和60年10月23日判時1174号62頁）。

(b) 個人の事業所得または法人の法人所得

　譲渡契約等により発生した所得が事業所得あるいは法人所得の場

合，契約解除の事実が生じた年度の必要経費ないし損金として処理されることになります（所法51②，所令141③参照，法基通2－2－16，横浜地判昭和60年7月3日判時1173巻51頁など）。これは，事業所得や法人税の課税所得は事業により継続的に発生するもので，その収益及び費用が期間的に対応するのであって，費用と収益が個別に対応するものとされる譲渡所得等とは異なっていることによります。

なお，不動産取得税についての更正の請求については，法定解除，約定解除，合意解除のいずれの解除によるかを問わず，できないとされています。また，解除により返還されることになる不動産の取得にも再び不動産取得税が課税されます（大阪高判昭和45年2月23日行集21巻2号328頁参照）。この点は，既履行部分については遡及効を生じさせないとする間接効果説や折衷説に親和的な考え方となっています。

以上の処理はいずれも解除が民法上有効になされたときに認められる処理または請求ですので，税務上も民法上解除が有効になされているのかの見極めが必要となってきます。たとえば，改正民法では債務者の帰責事由がなくとも解除ができるとされましたが，軽微な債務不履行の場合にはできない，ということになったため，問題となっている取引で債務不履行が軽微といえるかの実質的な検討が必要となってきます。

軽微性の判断が微妙なケースでは，相手方の協力が得られるのであれば，このような一方当事者による解除ではなく，相手方と合意解除を行い，税務上の取扱いを明確にすることも考えられます。

(2) 危険負担（履行拒絶）と税務

　これまで履行不能の場合には，反対債務は履行不能につき債権者に帰責事由がないのであれば消滅すると考えられてきました。これが改正民法においては，消滅まではせず債権者は自身の負う反対債務につき履行の拒絶ができ，解除するまでは反対債務は残り続けるため，このことを前提に税務上の処理を行っていく必要があります。

まとめ

・契約の解除が責任追及の手段ではなく，債務者を契約の拘束力から解放するための手段として位置づけられ，契約の解除を行うにあたっては債務者の帰責事由は不要になりました。
・債権者に帰責事由があるときは契約の解除はできません。
・契約及び取引上の社会通念に照らして軽微な債務不履行では，契約の解除ができないことが条文で明記されました。
・契約の解除がなされると，遡及的な更正，あるいは解除時の必要経費又は損金処理されることになることから，前提として契約の解除が民法上有効になされたかの確認が必要となります。

個人保証

第6章

1 現行民法

(1) 保証・連帯保証

保証とは，主たる債務者がその債務を履行しないときにその履行をする責任のことをいいます（民法446①）。

連帯保証とは，保証契約に連帯の特約を付したものをいいます。連帯保証の場合の責任の範囲は，保証と同じで，特約のない限り，主たる債務と，利息・違約金・損害賠償その他主たる債務に従たるすべてのもの（民法447①）になります。

保証契約から生ずる保証債務には，①主たる債務が成立しなければ成立しない，②主たる債務より重くなることはない，③主たる債務が消滅すれば消滅する，といった性質があります（**保証債務の附従性**）。連帯の特約を付したとしても，このような性質が失われることはありません。このような性質を失わせるには連帯保証ではなく，連帯債務とする必要があります。

保証債務では，債権者からの債務の履行請求に対してまずは主たる債務者に請求を行うこと（催告の抗弁権（民法452）），債権者からの執行に対してまずは主たる債務者の財産に執行を行うこと（検索の抗弁権（民法453）），を要求できます（**保証債務の補充性**）。連帯の特約をすると，このような性質は失われることになります（民法454）。連帯保証人は，債権者から履行の請求があればいつでもこれに応じなければなりませんし，また自らの財産を先に執行されてもこれを甘受しなければなりません。

(2) 連帯保証人に対する履行の請求

　連帯保証になると，保証とは異なり，連帯保証人に対する履行の請求の効果が主たる債務者にも及ぶようになります（民法458，434）。したがって，連帯保証人に裁判上の請求を行うか，催告後6か月以内に裁判上の請求を行えば，主たる債務者が負っている主たる債務も時効中断されることになります。また，連帯保証人に対する履行の請求によって連帯保証人が履行遅滞に陥れば，主たる債務者も履行遅滞に陥ったものと扱われることになります。

(3) 求　償　権

　保証債務や連帯保証債務を履行した場合，保証人・連帯保証人は主たる債務者に対して求償権を行使できます。委託を受けないで連帯保証人となった場合は，それが主たる債務者の意思に反していないときには，保証債務履行時に主たる債務者が利益を受けた限度に（民法462①），また，それが主たる債務者の意思に反するときには，求償時に主たる債務者が利益を受けている限度に（民法462②前段），求償権の範囲は縮減されます。これは保証債務履行時又は求償時までに既に主たる債務者が弁済をしていた場合には，その範囲で求償は行うことはできず，連帯保証人としては二重に弁済を受けたことになる債権者に不当利得の返還請求をするしかないことを意味します。

　また，事前に通知を行った上で保証債務を履行しなければ（たとえば，主たる債務者が債権者に反対債権を有していて相殺の期待をもっていた場合），その期待の範囲内では求償権を行使できないことになります（民法463①，443）。

2 改正のポイント

(1) 事業のために負担した貸金等債務についての保証契約の特則

　改正民法においては，個人的な関係から断り切れずに保証契約を締結した保証人の被害が絶えないことから，事業のために負担した貸金等債務を主たる債務とする保証契約（根保証契約）を個人が行う場合には，原則として，公正証書（保証契約締結の日前1か月以内に作成）で保証債務を履行する意思を表示しなければ，保証契約の効力は発生しないことになりました（改正民法465の6①）。「保証債務を履行する意思」の表示は保証契約とは別に公正証書ですることもできますが，保証契約自体を公正証書で行うことでも可能です。この意思は明確に示されているといえるからです。

　例外もあります。主たる債務者（会社）の取締役や，大株主，共同事業者や主たる債務者が行う事業に現に従事する配偶者（単に配偶者であればよいわけではありません。）等が保証人となるときには，従前通り，保証債務を履行する意思を表示した公正証書を別途用意する必要はありません（改正民法465の9）。これらの者が保証人となるときにもかかる公正証書が別途必要だとすると中小事業者が金融機関から融資を受けにくくなることが危惧されたからです。

(2) 個人保証における主たる債務者の情報提供義務

　事業のために負担する債務の個人保証の委託があった場合に限りますが，主たる債務者は保証人に対して保証契約の締結時に財産及び収

支の状況，主たる債務以外の債務の額・履行状況，担保の内容などの情報提供義務を負うことになりました（改正民法465の10①）。

　主たる債務者が保証人に誤った情報提供を行ったことを債権者も知っている，あるいは知ることができたといえるのであれば，債権者との保証契約を保証人は取り消すことができます（改正民法465の10②）。

(3) 連帯保証人に対する履行の請求・免除

　1（2）で述べたとおり，現行民法では連帯保証人に対する履行の請求の効果は主たる債務者に及ぶこととされています。しかし，これでは主たる債務者に及ぼす不利益が大きすぎる，という批判があり連帯保証人に対する履行の請求と免除の効果は主たる債務者に及ばないことになりました（改正民法458）。したがって，たとえば連帯保証人に催告を行い，6か月以内に裁判上の請求を行ったとしても，主たる債務者が負っている主たる債務が時効中断（改正後は「更新」）されることはなくなりました。

　また，連帯保証人に対する履行の請求によって連帯保証人が履行遅滞に陥ったとしても，主たる債務者が履行遅滞に陥ることはありません。主たる債務についても時効の更新を行いたい場合には，債権者は保証人とは別に主たる債務者に対しても履行の請求を行う必要があります。

　他方，主たる債務者に対する履行の請求の効果は，これまで通り保証人にも及びます（改正民法457①）。

3 税務実務への影響

(1) 事業のために負担した貸金等債務の個人の第三者による保証

　事業のために負担した貸金等債務の公正証書によらない個人の第三者の保証は，その第三者が会社の取締役や大株主，事業に従事している配偶者などによる，いわゆる経営者保証やこれに準ずる場合でない限り，無効とされることになりました（改正民法465の6，465の9）。

　公正証書により保証を行えば，保証債務は有効となりますが，これを債権者が免除しても，保証人には債務免除益は発生しません。もともと保証人は保証債務を負担したとしても，それと同時に主たる債務者に求償権を獲得できる地位にいたからです。

　もっとも，保証債務を履行し求償権を取得した保証人は，当該求償権が主たる債務者の財産状況等からすれば回収不能といえる場合，これを貸倒れ計上することが可能です。ただし，事業所得等で必要経費に算入するには，当該求償権が「事業の遂行上生じた」（所法51②）債権といえる必要があります。たとえば，税理士が顧問先の債務を公正証書で保証し，顧問先の倒産で求償権が貸し倒れとなったとしても，税理士として「事業の遂行上生じた」債権とは認められないことが通常でしょう。その場合，貸倒れ部分を必要経費に算入することはできません。

　ただし，求償権が「事業の遂行上生じた」債権と認められる場合であったとしても，そもそも前提となった保証契約が「保証債務を履行する意思」を保証契約締結前の1か月以内に公正証書で確認していなかったため無効ということになると，当該求償権自体が発生しておら

ず，このような貸倒れ計上もできないということになります。

以上をまとめると，次のようになります。

たとえば，問題となっている会社の取締役や大株主でもない個人事業主が，取引上のつきあいでその会社の債務を保証した場合で考えると，その会社の倒産を契機に求償権の貸倒れを必要経費に計上するには，以下の作業が必要になります。

① 保証契約締結前の1か月以内（同時でもよい）に「保証債務を履行する意思」を公正証書で明示しておく。
② 保証契約の締結が自らの「事業の遂行上生じた」ことを税務署に立証できるようにしておく（その会社が自らの事業遂行に欠かせない有力な取引先であることなどの証明）。

(2) 所得税法64条2項

ア｜「保証債務を履行するため資産の譲渡があった場合」

保証債務を履行するための資産を譲渡した場合，求償権の行使不能金額について譲渡所得がなかったものとみなされます（所法64②）。これは，保証人の税務上の救済規定です。譲渡所得が発生するような資産の譲渡があったことが前提となっていますが，さきほどの求償権の貸倒れのように，求償権の発生が「事業の遂行上生じた」ことまでは求められていません。同じような状況は，連帯債務や物上保証でも生じる可能性があります。このような場合であっても自らの債務を履行するために資産を譲渡したときは，求償権が行使できない範囲で，譲渡所得が免除されます（所基通64-4）。

いったん借入金で保証債務を履行したのちにこの借入金の返済のため資産を譲渡した場合でも適用があり，保証債務の履行からおおむね

1年以内に資産を譲渡したのであれば，保証債務と履行と資産の譲渡とが結びついていることを積極的に税務署に立証していく必要はありません。借入金の返済のための資産の譲渡が借入金を承継した相続人によってなされたとしても大丈夫です（所基通64-5）。他方，資産の譲渡代金を1年間の定期預金にしたのちに，借入金の返済にあてた場合については，いったん譲渡代金を定期預金にするという過程が間にはさまっていることから「保証債務を履行するため資産の譲渡があった場合」とはいえないとした裁判例があります（東京高判平成2年11月29日税資161号449頁）。

以上は，現行民法でも同様です。しかし，改正民法では，そもそも前提となった保証債務が有効に成立しているか，つまり，公正証書の作成が必要な個人による保証ではなかったか，公正証書で保証債務締結日の1か月前あるいは締結日に「保証債務を履行する意思」をきちんと確認しているか，についても留意する必要があります。

イ 「その履行に伴う求償権の全部又は一部を行使することができないこととなったとき」

所得税法64条2項の特例の適用を受けるためには，保証債務負担時には求償権が行使できると見込まれている必要があります（大阪地判昭和56年6月26日判時1037号93頁等）。保証債務を負担するときから求償権の行使は無理だと知っていた場合，実質的には保証債務分を主たる債務者に贈与したに等しく保証を行ったとはいえませんし，「その履行に伴う求償権の全部又は一部を行使することができないこととなったとき」ともいえないからです。たとえば，清算中の会社の未払報酬・税金債務を保証した場合には，保証債務を負担するときには求償権が行使できると見込まれていたとはいえないとされています（福

岡地判平成23年11月11日税資261号順号11807)。

ウ｜求償権の行使不能の判断基準

　求償権が行使不能になったかどうかの判断基準は，通常の債権の貸倒れと同様に解されています（所基通64－1，51－11）。もっとも，求償権については，他の保証人等からの回収可能性についても検討する必要があります。

　なお，求償権を放棄した後に主たる債務者が立ち直って弁済が可能になったとしても，求償権の行使不能の判断には影響しないとされています（「保証債務の特例における求償権の行使不能に係る税務上の取扱いについて（通知）」（平成14.12.25課資3－14・課個2－31・課審5－17））。

エ｜手続要件

　以上の所得税法64条2項の特例の適用を受けるには，確定申告書に必要事項を記載する必要があります（所法64③④，所規38）。申告後に求償権の行使が不可能となったときは，その事実が生じた日の翌日から2か月以内に更正の請求を行うことができます（所法152）。

オ｜求償権の行使不能額

　所得税法64条2項によって所得がなかったとみなされるのは求償権の行使が不能となった額ですが，もともと求償可能であった額はどういうものなのか注意する必要があります。現行民法ではこの点について明示していませんが，改正民法は，保証人が主たる債務者の委託を受けて保証をした場合につき，「主たる債務の免責を得るために支出した金銭その他の財産の額（当該財産の額が主たる債務の免責を得た

額を超える場合にあっては，その免責を得た額）」と明記することになりました（改正民法459）。

　括弧書きで免責額が上限とされていますから，保証債務の履行に関連して支払った弁護士費用は含まれないこととなります。現行民法の解釈として，このような弁護士費用は求償可能額に含まれないとした裁判例があります（神戸地判昭和60年9月30日訟月32巻6号1325頁）。

> **参考　連帯債務**
>
> 　保証債務と同時に説明されることの多い連帯債務に関する民法の規定も改正されました。ここで簡単に説明しておきましょう。
>
> 　現行民法では，連帯債務者が多数存在する場合に，債権者が連帯債務者の一人に履行の請求をしたとき，あるいは免除をしたとき，又は連帯債務者の一人との関係で時効が完成したとき，他の連帯債務者にもその効力が及ぶ（免除と時効完成は免除を受けた又は時効の完成した連帯債務者の負担部分についてのみ）とされています（現行民法434，437，439）。何ら請求を受けていない他の連帯債務者にも効力が及ぶので，**絶対的効力**とよばれています。
>
> 　ただ，このような取扱いでは，請求を受けていない連帯債務者は自らの関知しない間に履行遅滞に陥り不意打ちとなります。
>
> 　また，債権者からしても免除や時効完成が対象となった連帯債務者の負担部分のみとはいえ他の連帯債務者にもその効力が及ぶとなると，その分債権の訴求力が落ち，連帯債務として担保的機能を強化した趣旨が阻害されます。
>
> 　そのため今回の改正では，履行の請求が他の連帯債務者に効力が及ばないこと，免除・時効の完成も他の連帯債務者に影響が及

ばないことになりました（**相対的効力**）。

　したがって，契約時に絶対的効力とする別段の合意がなされない限り，連帯債務者が知らないうちに履行遅滞に陥るようなことはなくなりますし，債権者は，免除・時効の完成していない連帯債務者に対しては，全額請求できます（改正民法445）。

　全額請求を受けた連帯債務者は，免除を受け，あるいは時効の完成している連帯債務者に対して，その負担割合に応じて求償することができます。この求償に応じた連帯債務者は，自らの負担割合も含めて全額の弁済を受けた債権者に対して償還請求をすることができるように思えます。しかし，債権者としては免除されていない，又は時効の完成していない連帯債務者に対する債権に基づいて全額の弁済を受けただけで，法律上の原因のない利益を受けたわけではないため（民法703参照），このような償還請求を債権者に対して行うことはできません。

　連帯債務の免除を受けた場合，負担部分につき消滅時効については消滅益，免除については免除益が発生するのが，現行民法の下での考え方でした。しかし，連帯債務の免除・時効の完成については相対的効力となりましたので，民法改正後はこれらの消滅益・免除益は，別段の合意が当事者間でなされない限り，発生しないことになると考えられます。

＜連帯債務の絶対的効力事由＞

	改正前	改正後
弁済	○	○
履行の請求	○	×（不意打ち防止）
相殺	○	○
更改	○	○
免除（負担部分）	○	×（担保的機能強化）
混同	○	○
消滅時効の完成（負担部分）	○	×（担保的機能強化）

まとめ

・事業債務の個人の保証人については，原則として，保証契約の1か月以内に公正証書で保証債務履行の意思を表示することが必要になりました。

・経営者保証やこれに準ずる場合には，このような公正証書作成方式による必要はありません。

・連帯保証人に対する履行の請求で，主たる債務者の債務まで消滅時効が更新されることはなくなりました。

・求償権にまつわる税務処理の前提として，保証債務が有効に成立していたかの確認が必須となってきます。

債務引受・債権譲渡

第7章

1 現行民法

(1) 債務引受

　債務引受について，現行民法には条文の規定が全くありません。しかし，解釈論としては，①併存的債務引受，②免責的債務引受の2つに分けて次のような理解の下で認められてきました。

　①併存的債務引受とは，債務者の債務を残しつつ，自らも債務者の債務を負担するものです。効果としては，連帯債務を発生させます。そのため引受人がこれを負担した場合，債務者に求償を行うことが可能とされています。このような引受を行うには，引受人と債権者との契約によるか，引受人と債務者とが契約を結び債権者がこれを承諾することが必要になります。

　②免責的債務引受とは，債務者の債務を免責させるものです。引受人が負担をしても，債務者に対する求償権を発生させないものと理解されてきました。もっとも，引受けにあたってその対価を支払う合意を行うことはできます。債務者の委託により引受人が債務を負担する場合は，委託事務処理費用の事前又は事後の償還請求権を行使することもできると解されています。

(2) 債権譲渡

ア｜譲渡禁止特約付債権譲渡

　これに対し，債権譲渡については現行民法でも条文の規定があります。債権は，その性質上譲渡を許さないものでない限り，有効に譲渡

することができると規定されています（民法466）。

　もっとも，当事者間で譲渡禁止特約を付すこともでき，これに違反してなした譲渡は無効とされ，ただし，これを譲り受けた第三者が譲渡禁止特約を知らず，かつ知らないことについて重過失の認められない場合には譲渡の無効をこの者との関係では主張できないと解されてきました（民法466②，最決昭和48年7月19日判時715号47頁）。

　また，債権に強制執行をしてきた第三者については，たとえ譲渡禁止特約を知っていたとしても，差押え後のこの者に対する転付命令（債権譲渡）が無効となることはないと解されてきました（最決昭和45年4月10日判時589号21頁）。これは当事者間で強制執行できない債権を作り出すことができるようになってしまうことを防ぐためです。

　なお，譲渡禁止特約は債権者を固定させたい債務者のためのものです。そこで，その債務者自身が債権譲渡を承認すれば，譲渡は遡及的に有効となります（最決昭和52年3月17日判時849号73頁）。

イ｜債権譲渡の対抗要件

　債権の譲渡は，譲渡人が債務者に通知をするか，債務者が承諾をしない限り，債務者その他の第三者に対抗できません（民法467①）。また，これらの通知または承諾が確定日付のある証書によってなされていなければ債務者以外の第三者に対抗できません（民法467②）。

　法人が保有する債権の譲渡については，譲受人との共同申請で債権譲渡登記をすれば，かかる債務者以外の第三者に対する対抗要件を具備することができます（動産・債権譲渡特例法4①）。この場合，債務者対抗要件を具備するには，債務者に登記事項証明書を交付して通知するか（譲渡人が行う必要はありません），債務者の承諾が必要となります（動産・債権譲渡特例法4②）。

債務者は債権譲渡の通知を受けたとしても，これを受けるまでに債権者（譲渡人）に対して生じていた事由（たとえば，相殺しうる地位，債権にある無効・取消原因，契約解除や弁済による債務の消滅，同時履行の抗弁権の付着など）を，債権の譲受人に対抗することができます（民法468②）。

　ただし，債務者が異議をとどめないで承諾した場合には，このような対抗はできなくなります（民法468①）。異議をとどめない承諾を行うには，異議がない旨を明示することまでは必要ではなく，単に何らの留保もつけずに譲渡の事実を認識したことを表明すれば良いと解されています。

ウ｜将来債権譲渡

　賃料債権や請負代金債権などは，債権の発生する前に債権の譲渡の意思表示がなされることがあります。このような譲渡も期間の始期と終期を明確にするなどして債権が特定されているならば有効と解されており，当該債権の発生後に当該債権を譲受人が取得することになります（最決平成11年1月29日判時1666号54頁）。

　将来債権譲渡については，債権発生前であっても債務者対抗要件や第三者対応要件を具備させることができます（最決平成19年2月15日判時1963号57頁）。

2 改正民法のポイント

(1) 債 務 引 受

ア│併存的債務引受

　改正民法では，これまでの実務での債務引受の取扱いを踏襲し，これを明文化しました（改正民法470）。併存的債務引受は，債務者の債務を残しつつ，自らも債務者の債務を負担するものですが，引受人がこれを負担した場合には債務者に求償を行うことが可能です。このような引受を行うには，引受人と債権者との契約によるか，引受人と債務者とが契約を結び債権者がこれを承諾することが必要であることが定められました。併存的債務引受があった場合，引受人は効力発生時に債務者が主張できた抗弁を債権者に対抗することができ，たとえば債務者に取消権・解除権がある場合，債務者が履行を免れる限度で引受人は履行を拒絶することができます（改正民法471）。

イ│免責的債務引受

　免責的債務引受についても，条文が設けられました（改正民法472）。免責的債務引受は，債務者の債務を免責させるもので，引受人が負担しても債務者に対する求償権を発生させることはありません。もっとも，これまでと同じように引受けにあたってその対価を支払う合意を行うことはできます。債務者の委託により引受人が債務を負担する場合は委託事務処理費用の事前又は事後の償還請求権を行使することもできます。

　免責的債務引受の効果は，引受人と債権者とが契約を締結しこれを

債務者に通知するか，引受人と債務者とが契約を締結し債権者がこれを承諾することによって，発生します。抗弁については，併存的債務引受と同じことがいえます（改正民法472の2）。

(2) 債権譲渡

ア｜譲渡禁止特約付債権譲渡

現行民法では，債権は，その性質上譲渡を許さないものでない限り，有効に譲渡することができ，当事者間で譲渡禁止特約を付すことも認めてきました。そして，これに違反してなした譲渡は無効とされ，ただし，これを譲り受けた第三者が譲渡禁止特約を知らず，かつ知らないことについて重過失の認められない場合には譲渡の無効をこの者との関係では主張できないと解されてきました。

改正民法では，この点について，預貯金債権を除いて，譲渡制限特約（「譲渡禁止特約」という表現から改正民法では「譲渡制限特約」という表現に変更されました。）付きの債権を譲渡したとしても有効とし，譲渡制限特約を付した債務者は，譲渡制限特約に悪意・重過失の債権の譲受人からの履行請求についてはこれを拒絶できることになりました。

拒絶できるだけですので，債務者としては債権譲渡を承認して債権の譲受人に弁済を行うこともできます（拒絶抗弁の放棄は当然にできるため特段の規定は設けられていません）。このような変更を行った理由は，当事者間の特約によって第三者との関係でも債権譲渡を無効にできることは行き過ぎであって，債権の取引の安全性を高め，債権譲渡による資金調達の円滑化を図るためには当事者間で譲渡制限特約を付したとしても，これに反する債権譲渡を有効と取り扱うのが適当

であると考えられたためです。なお，預貯金債権がこのような取扱いから除かれているのは（改正民法466の5），次のような理由によるといわれています。

・改正に伴うシステム変更に大きなコストがかかる。
・金融機関が譲渡制限特約をつけていることは周知の事実であるため，およそすべてのケースで譲受人は譲渡制限につき悪意・重過失である。
・これまでどおりスタートを無効と取り扱っても影響が少なく，かえってスタートを有効としてしまうと不便である。

　もっとも，このように譲渡制限特約付きの債権を譲渡した場合に，債権の譲受人がその特約について悪意又は重過失があったときには，債務者は譲受人に対して履行拒絶ができ，譲渡人は取立権限を失い債務者に履行強制できません。つまり，債務者としてはずっと譲渡人に履行しない状態が生じてしまいます（デッド・ロック）。
　そこで改正民法は，（特約につき悪意又は重過失の）譲受人が相当の期間を定めて債務者に対し，譲渡人に履行するようにとの催告をしたにもかかわらず，債務者がその期間内に譲渡人に履行しないときは，もはや譲受人からの履行請求を拒絶できないこととしました（改正民法466④）。

イ｜債権譲渡の対抗要件

　現行民法と同様に，改正民法においても，債権の譲渡は，譲渡人が債務者に通知をするか，債務者が承諾をしない限り，債務者その他の第三者に対抗できません（民法467①）。また，これらの通知または承

諾が確定日付のある証書によってなされていなければ，債務者以外の第三者に対抗できません（民法467②）。法人が保有する債権の譲渡については，譲受人との共同申請で債権譲渡登記をすれば，かかる債務者以外の第三者に対する対抗要件を具備することができる点（動産・債権譲渡特例法4①），この場合であっても債務者対抗要件を具備するには，債務者に登記事項証明書を交付して通知するか，債務者の承諾が必要となる点（動産・債権譲渡特例法4②）に変更はありません。

また，債務者は債権譲渡の通知を受けたとしても，これを受けるまでに債権者（譲渡人）に対して生じていた事由（96頁参照）をもって債権の譲受人に対抗することができます（民法468②）。

もっとも，債務者が異議をとどめないで承諾した場合には，このような対抗はできませんでした（現行民法468①）。改正民法では，この部分が削除されることとなりました。異議をとどめない承諾があったぐらいで対抗できなくなることは，不適正であると考えられたためです。改正民法では，対抗できなくなるには抗弁の放棄という積極的な意思表示までなされることが必要となります。

ウ｜将来債権譲渡

改正民法では，これまでの将来債権譲渡についての実務での取扱いが踏襲され，これが条文化されています。

具体的には発生前の賃料債権や請負代金債権など将来債権の譲渡についても有効とされ（改正民法466の6①），当該債権の発生後に当該債権を譲受人が取得することになりました（改正民法466の6②）。

将来債権譲渡については，債権発生前であっても債務者対抗要件や第三者対抗要件を具備させることができます（改正民法467①かっこ書）。

3 税務実務への影響

(1) 免責的債務引受にともなう課税

　何らの代償も得ない免責的債務引受を個人間で行うと，債務者に贈与課税がなされる可能性があります。

　債務者が法人の場合は，債務免除益が発生し益金計上が必要となります（債務免除につき益金計上が必要であるとしたものとして，免除者が個人の場合につき福岡高判平成元年3月16日税資169号571頁，免除者が法人の場合につき東京高判平成20年3月25日税資258号順号10626参照。）。

　免責的債務引受を引受人と債権者とが契約を締結しこれを債務者に通知する方法で行った場合，債権者の行為で債務者の意思によらずに債務者に課税されることがありえます。

(2) 所得税における金銭債権の譲渡損益の取扱い

　個人が売掛金や貸付金などの金銭債権を譲渡した場合，その譲渡損益は譲渡所得ではなく（所基通33-1），事業所得か雑所得に区分されます。譲渡所得は，資産の価値の増加益を所得として，その資産が所有者の支配を離れて他に移転する機会にこれを清算して課税するところにその趣旨があります（最判昭和50年5月27日判時780号37頁等）。しかし，金銭債権は，増加益（キャピタル・ゲイン）を生じさせる性質のものではありません。そのため，金銭債権は譲渡所得を生じさせる資産とは考えられていないのです。

　なお，個人による金銭債権の譲渡で譲渡損が発生した場合には，貸

倒れによる損失があったとして，その年分の所得金額の計算上必要経費に算入することができます（所法51②，64，所基通51-17）。ただし，譲渡損が，実質的に贈与したものと認められる場合にはこの限りではありません。

金銭債権の譲渡の性質自体には変更はありませんので，このような取扱いは，改正後も続くものと思われます。

(3) 将来債権譲渡と国税

国税の法定納付期限前に将来債権を譲渡（譲渡担保を設定）し対抗要件を具備した場合，有効な対抗要件として認められ，同期限後に譲渡された将来債権が発生したとしても当該債権は「国税の法定納付期限等以前に譲渡担保財産となっているもの」（徴収法24⑧）として取り扱われています（最決平成19年2月15日判時1963号57頁）。

課税庁の差押えとの関係では上記の正確な理解が必要となってきます。もともと判例が認めてきた取扱いが改正民法では明文化されており，将来債権譲渡の税務上の取扱いについては，改正後も変更はないものと思われます。

まとめ

- 条文のなかった債務引受につき，これまでの実務上の取扱いが条文化されました。
- 債務引受は，引受人と債権者とが契約しこれを債務者に通知する方法と，引受人と債務者が契約しこれを債権者が承諾する方法の二つが設けられました。
- 債権譲渡の譲渡制限特約違反につき，預貯金債権をのぞいて，無効とまではならず，有効のままとした上で悪意・重過失の譲受人からの履行請求を拒絶することができるといった規律に変更されました。
- 将来債権譲渡につき債権発生前の対抗要件具備が可能であることが条文で明記されました。国税との関係では，法定納付期限前にかかる対抗要件を具備すれば，これに優先する取扱いが今後も認められるものと思われます。

弁済

第8章

1 現行民法

債務の弁済は当然債務者が行うことになりますが、一定の場合には、第三者がこれを行った場合であっても有効となります。現行民法では第三者による弁済が有効となる場合として次のような場合が挙げられています（現行民法474）。

① 第三者が債務の弁済について利害関係を有する場合

　　例　保証人・物上保証人・後順位抵当権者

② 第三者が債務の弁済について利害関係を有しないが、弁済につき債務者の意思に反していない場合

ただし、いずれの場合も債務の性質が第三者による弁済を許さないときや、当事者がこれを禁ずる意思を表示した場合は除かれます。

①の場合、弁済をした第三者は、求償権に加えて弁済による代位によって原債権とそれに付着する担保権（抵当権や保証など）を当然に譲り受けることができます（現行民法500）。②の場合に原債権を譲り受けるには、債務者の承諾が必要となります（現行民法499）。

現行民法

（第三者の弁済）

第474条　債務の弁済は、第三者もすることができる。ただし、その債務の性質がこれを許さないとき、又は当事者が反対の意思表示をしたときは、この限りでない。

2　利害関係を有しない第三者は、債務者の意思に反して弁済をすることができない。

なお，これらの場合にあてはまらず，第三者による弁済が無効となった場合，弁済した第三者は債務者ではなく債権者に対して不当利得の返還請求をすることになります。

2 改正民法のポイント

(1) 第三者の弁済

　改正民法では，まず「利害関係」という用語を，「正当な利益」という用語に改めました。弁済につき「正当な利益」を有する第三者は，弁済後に当然に債権者が有していた抵当権など権利を代わって行使できるとされていますが（現行民法500），そこでの用語に揃えた形になります。

　その上で，改正民法は次のような場合にも第三者による弁済が有効となることを規定しています。
③　前記②とはいえないが，債務者の意思に弁済が反することを債権者が知らずに，かつ弁済が債権者の意思に反するものでない場合
④　前記②とはいえないが，債務者の意思に弁済が反することを債権者が知らずに，かつ弁済が債権者の意思に反するものではあるが債務者の委託を受けて弁済を行っていることを債権者が知っている場合

　これまで第三者による弁済はそれが債務者の意思に反していれば認められませんでしたが，③④は債務者の意思に反していても弁済が有効と認められる場合として追加されました。いずれの場合も債権者が債務者の意思に反することを知らないことが必要です。その上で，債

権者の意思に反しないか（債権者としても原則として第三者による弁済を拒絶できる），債務者の委託を受けた弁済（履行引受）であることを債権者が知っていれば，弁済として有効なものとして扱われることになります。

現行民法と同じく，①〜④のいずれの場合も債務の性質が第三者による弁済を許さないときや，当事者がこれを禁ずる意思を表示した場合は除かれます（改正民法474④）。

また，改正民法では，第三者が債務の弁済について正当な利益を有しない②〜④の弁済の場合であっても，債務者の承諾なくして当然に，原債権とそれに付着する担保権を取得できるようになりました（改正民法499）。

改正民法

（第三者の弁済）

第474条 債務の弁済は，第三者もすることができる。

2 弁済をするについて正当な利益を有する者でない第三者は，債務者の意思に反して弁済をすることができない。ただし，債務者の意思に反することを債権者が知らなかったときは，この限りでない。

3 前項に規定する第三者は，債権者の意思に反して弁済をすることができない。ただし，その第三者が債務者の委託を受けて弁済をする場合において，そのことを債権者が知っていたときは，この限りでない。

4 前3項の規定は，その債務の性質が第三者の弁済を許さないとき，又は当事者が第三者の弁済を禁止し，若しくは制限する旨の意思表示をしたときは，適用しない。

第8章 弁　　済　109

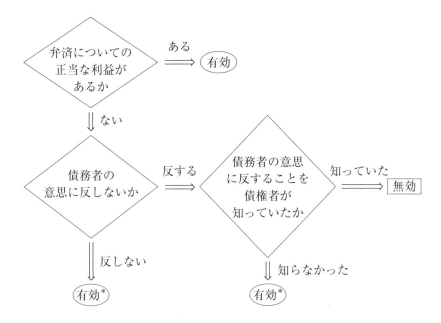

（注）上記「有効*」の場合でも原則債権者は受領拒絶できる（債権者の受領拒絶権）。もっとも，債務者の委託を受けて履行をする場合（履行引受）で，かつそれを債権者が知っていたときは拒絶できない（拒絶なら債権者に受領遅滞責任）。

(2) 預貯金口座への振込みによる弁済の効力発生時期

　これまで預貯金口座への振込みによってする弁済については，特段の規定を設けてきませんでした。改正民法では，このような弁済が認められている場合における弁済の効力発生時期について，「払い込んだ金銭の額について，債権者がその預金又は貯金に係る債権の債務者に対して払戻しを請求する権利を取得した時」に弁済の効力が発生すると定めました（改正民法477）。入金記帳時に払戻しを請求する権利を取得するようにも思えますが，具体的に権利取得時がいつになるかについては今後の解釈に委ねられています。

3 税務実務への影響

　所得税法においては発生主義が採用されており（所法36①），収入の原因となる権利が確定した時期に収入を計上すべきものとされています（最判昭和53年2月24日判時881号97頁）。このような考え方は法人税法にも妥当します（最判平成5年11月25日判時1489号96頁）。債権が発生し権利が確定した時点で収入・益金に計上されるため，当該債権に対して弁済がなされたとしても，課税上は何らの変化も生じさせません。

　第三者が弁済を行った場合も，債権者の課税状況は変化しません。この場合の債務者についても，新たな債務を第三者に対して負うことになりますので変化はありません。弁済を行った第三者は原債権と求償権を取得しますが，これと等価の弁済と引換に取得しているに過ぎないためプラス・マイナス・ゼロとなります。

　もっとも，弁済が有効になされておらず債権が消滅せずに存続しているかどうかは，当該債権の貸倒れ計上をする際の前提条件となりますので，民法上どのような場合に弁済が有効とされるのかについては税務に携わる上ではその概要につき理解しておく必要があります。

まとめ

・弁済につき正当な利益を有しない第三者による弁済につき，債務者の意思に反するときでも，そのことを債権者が知らなければ有効となりえる取扱いになりました。
・この場合でも，債権者としては受領を拒否できますが，弁済が債務者の委託を受けてなされていることを知っているときは，受領を拒否できません。
・第三者による弁済が有効かどうかは債権の消滅の有無に関わり，債権の貸倒れ計上などの税務処理にも影響を与えるため，税務担当者も精通しておく必要があります。

相殺

第 9 章

1 現行民法

　相殺には，当事者間の合意で行うものと（相殺契約），一方的な意思表示によって行うものがありますが，民法が定めているのは，後者の相殺です（現行民法506①）。これを法定相殺といいます。

　法定相殺を行うには，二人が互いに同種の目的を有する債務（金銭債務であればお互い金銭債務）を負担しており，双方の債務が弁済期にあること，両債務の性質上相殺を許さないものでないことが必要です（民法505①）。

　法定相殺によって，各債務者は，その対当額についてその債務を免れることができ，その効果は双方の債務が互いに相殺に適するようになった時（相殺適状時）に遡って発生します（民法505①，506②）。そのため，相殺の結果，双方の債務の利率の差によって一方の方がより多くの遅延損害金を支払わなければならないといったような事態は生じず，双方とも遅延損害金は遡及的に消滅します。

　当事者が相殺を禁止する旨を定めた場合，後日，第三者が一方の債権の譲渡を受けたとしても，これを自らの債務と相殺することはできません。もっとも，譲り受けた第三者が，相殺禁止の特約について知らなかったときには，このような場合でも相殺できます（民法505②）。

　また，不法行為により損害賠償債務を負った債務者は，債権者に対して別途債権を有していたとしても，これらを相殺することはできません（民法509）。不法行為により損害を被ったものに対しては現実に損害を填補すべきですし，このような場合に相殺ができるとすると金銭債権を有する債権者としては腹いせで不法行為を働いたとしても損害賠償金と金銭債権を相殺できるということで，このような不法行為

を助長するおそれもあるからです。債務者が有している債権が同じく不法行為による損害賠償請求権であった場合（交叉的不法行為の場合）にまで相殺を禁止するかについては，以上のような弊害はないとも思えるため，争いがあります。

　なお，両当事者が合意の上で行う相殺（相殺契約）であれば，このような債権同士でも問題なく相殺することができます。

　また，債権者が経営不振に陥り，自らの負担している債務につき国税局などから差押えを受けた債務者が，その後にその経営不振に陥った債権者に対して債権を有している者から債権の譲渡を受け，これと相殺にかけることも禁止されています（民法511）。多くの場合，経営不振に陥ったものに対する債権は無価値であり，かなりの低額で債権の譲渡を受けて，自らの債務を免れることができることにつながり不当だからです。

　他方，国税局などから差押えがくる前に取得していた債権であれば，自らの債務の弁済期の方が先にくるようなものであっても相殺はできるとするのが今日の裁判実務となっています（最大判昭和45年6月24日民集24巻6号587頁）。

　これについては，自らの債務の弁済期が先にくるようなケースでは，弁済を遅滞しない限り相殺をすることはできないのであるから，そのような者の相殺への期待を保護する必要はないとして，これを批判する見解もあります（制限説）。

2 改正民法のポイント

(1) 相殺禁止の意思表示

　改正民法では，相殺禁止特約付きの債権の譲渡を受けた場合において，たとえ相殺禁止の特約について知らなかったときであっても，知らなかったことに重大な過失があるときには，相殺ができないとされました（改正民法505②）。重過失はさまざまなケースで悪意と同視されますが，ここでも同視されることになりました。

> **改正民法**
>
> （相殺の要件等）
> 第505条　二人が互いに同種の目的を有する債務を負担する場合において，双方の債務が弁済期にあるときは，各債務者は，その対当額について相殺によってその債務を免れることができる。ただし，債務の性質がこれを許さないときは，この限りでない。
> 2　前項の規定にかかわらず，当事者が相殺を禁止，又は制限する旨の意思表示をした場合には，その意思表示は，第三者がこれを知り，又は重大な過失によって知らなかったときに限り，その第三者に対抗することができる。

(2) 不法行為債権等を受働債権とする相殺の禁止

　改正民法では，不法行為を理由とする損害賠償であれば一律に債務

者は相殺できないとする取扱いを改め，できない場合を次の場合に限定しました（改正民法509）。

① 悪意による不法行為に基づく損害賠償の債務
② 人の生命又は身体の侵害による損害賠償の債務

　法律で悪意といった場合には「知っている」という意味で用いられることが多いですが，①にいう悪意は単に「知っている」という意味ではなく，破産法253条１項２号の悪意と同じ「害意」（害を加える故意があるだけでなく，積極的に害を加える意欲まである）の意味で用いられています。
　条文は，悪意のある不法行為に基づく損害賠償に限っていますが，「悪意のある債務不履行に基づく損害賠償」も相殺を禁止する必要性は認められるため，この条文を準用できるものと思われます。
　②については，「不法行為」との言葉は入っていないため，「不法行為に基づく損害賠償」と「債務不履行に基づく損害賠償」（たとえば安全配慮義務違反など）の両方を含むということになります。そのため条文のタイトルには「等」が付与されています。ここにいう「人の生命又は身体の侵害による損害」には健康被害も含まれます。
　なお，交叉的不法行為（両当事者が有している債権が同じく不法行為による損害賠償請求権である場合）については争いがあるため，改正民法での明文化はされませんでした。

改正民法

（不法行為等により生じた債権を受働債権とする相殺の禁止）
第509条　次に掲げる債務の債務者は，相殺をもって債権者に対

抗することができない。ただし，その債権者がその債務に係る債権を他人から譲り受けたときは，この限りでない。
一　悪意による不法行為に基づく損害賠償の債務
二　人の生命又は身体の侵害による損害賠償の債務（前号に掲げるものを除く。）

(3) 差押えを受けた債権を受働債権とする相殺

改正民法は，現在の判例・実務の取扱いを受け，差押えがくる前に取得していた債権につき，自らの債務の弁済期が先にくるようなものであっても差押えに優先して相殺ができるとする条文を設けました。

改正民法

（差押えを受けた債権を受働債権とする相殺の禁止）
第511条　差押えを受けた債権の第三債務者は，差押え後に取得した債権による相殺をもって差押債権者に対抗することはできないが，差押え前に取得した債権による相殺をもって対抗することができる。
2　前項の規定にかかわらず，差押え後に取得した債権が差押え前の原因に基づいて生じたものであるときは，その第三債務者は，その債権による相殺をもって差押債権者に対抗することができる。ただし，第三債務者が差押え後に他人の債権を取得したときは，この限りでない。

本条は法定相殺の規定で，当事者間の合意による相殺予約については規定が設けられていません。ただ，法定相殺について上記取扱いを

認めた判例（最大判昭和45年6月24日民集24巻6号587頁）では，相殺予約についても弁済期の先後を問わず有効な当事者間の合意として認めたため，同じ取扱いとなるものと思われます。

　改正民法511条2項では「差押え後に取得した債権が差押え前の原因に基づいて生じたもの」についても相殺を認めていますが，これは破産法67条1項における相殺権の考え方を導入したものです。ここにいう「原因」は何を指すかが問題となりますが，このような改正経緯からすれば破産法の「原因」をめぐる解釈が応用され，たとえば委託保証の場合の事後求償権などその発生は差押え後でも原因である委託保証契約が差押え前なら相殺が可能となるものと思われます。もっとも，たとえば①瑕疵を理由とする損害賠償請求，②賃貸借の場合の費用償還請求権については，その発生の「原因」は本来の契約ではなく，①瑕疵が発生したから，②壊れたからであって，ここでいう「原因」からは外れるものと考えられます。

　なお，改正民法511条2項但書は，破産法72条1項1号の取扱いと統一化を図るために設けられました。この場合には相殺の担保的機能に対する期待は保護に値しないことになります。

3 税務実務への影響

　相殺によって，お互いの債務は消滅しますが，もともとの債権債務はそれが確定した時点で収入・費用，益金・損金処理されているため，相殺によって新たな課税関係が生じることはありません。

　もっとも消滅した債権債務の中に源泉徴収が必要なものが含まれていた場合，相殺時に支払いがなされたことになるため（税務上は，相

殺適状時にまで効果は遡及しない），その時点で源泉徴収義務が発生します。仮に源泉分を考慮せずに全額を相殺に供した場合，かかる義務負担分については別途，相手方に不当利得として返還請求することになります。

このように相殺が有効かどうかは源泉徴収との関係などでは重要となってきますので，改正民法の概要につき理解しておく必要があります。

> **まとめ**
> ・不法行為を理由とする損害賠償請求であっても，悪意に基づくもの，人の生命または身体の侵害によるものをのぞいて，これを受働債権とする相殺ができるようになりました。
> ・差押え前に取得していた債権について，自らの債務の弁済期が先にくる場合であっても，差押えに優先して相殺ができることが明文化されました。差押え後に取得した債権であっても，その発生原因が差押え前であれば，これと同じ扱いです。
> ・源泉徴収が必要な債権が相殺に付されると相殺時に支払いがなされたと扱われるため，税務処理上も，有効な相殺であったといえるのかにつき個別判断が求められます。

契約の成立

第10章

1 現行民法

そもそも契約を締結するかどうか（契約締結），どのような内容の契約をするか（契約内容），誰と締結するか（相手方選択），どのような方式で締結するか（契約方式），についてはいずれも当事者の自由であるとされています。これを，契約自由の原則といいます。現行民法では，この原則について明確に定めた条文はありませんが，「法律行為の当事者が法令中の公の秩序に関しない規定と異なる意思を表示したときは，その意思に従う」とする現行民法91条の規定が，このことを前提としていると解されています。

契約は，申込と承諾のそれぞれの意思表示の合致によって成立します。対話の中で成立した場合と異なり，離れた場所にいる者同士が申込と承諾を別々に行った場合には，承諾の通知を発した時に契約は成立するとされています（民法526①）。一般に離れた場所にいる者に対する意思表示は，その通知が相手方に到達した時に効力を生ずるとされていますが（民法97①），契約の意思表示については，承諾の通知が到着するまでに時間を要することもあり，承諾の通知を発した時に契約を成立させる必要があると考えられました。そこで，例外的に通知を発した段階で効力を生ずる扱いとしました。

もっとも，離れた場所にいる場合でも電子取引ではこのような時間差は考慮する必要性に乏しいため，平成13年に制定された「電子消費者契約及び電子承諾通知に関する民法の特例に関する法律」4条では，承諾の意思表示につき現行民法526条1項を適用せず，原則どおり到達したときに効力を生ずるものとしました。

ところで，承諾の期間を定めた契約の申込みは，その期間内は撤回

ができないとされていますが（民法521①），対話者間での契約の申込みは，相手が承諾しない間であればいつでも撤回ができると解されています。また対話の終了までに承諾がなされなければ，申込みは効力を失うものとされています。

2 改正民法のポイント

(1) 基本原則の明記

改正民法では，「契約自由の原則」の具体的な内容（契約締結の自由，契約内容の自由，相手方選択の自由，契約方式の自由）について，次のように明記しました。

> 改正民法
>
> （契約の締結及び内容の自由）
> 第521条　何人も，法令に特別の定めがある場合を除き，契約をするかどうかを自由に決定することができる。
> 2　契約の当事者は，法令の制限内において，契約の内容を自由に決定することができる。
>
> （契約の成立と方式）
> 第522条　契約は，契約の内容を示してその締結を申し入れる意思表示（以下「申込み」という。）に対して相手方が承諾をしたときに成立する。
> 2　契約の成立には，法令に特別の定めがある場合を除き，書面

の作成その他の方式を具備することを要しない。

(2) 隔地者間の契約の成立

　現行民法においては，隔地者間の契約の時期について，電子取引をのぞいて，承諾の意思表示を発したときに成立することとされています。しかし，民法が成立した明治時代と異なり，今日ではたとえ郵送であっても承諾の通知が到着するのにそれほど時間を要しなくなっています。そこで，現行民法526条1項は削除し，他の意思表示と同じく，到達時にその効力を生ずる扱いとすることにしました。

　また，現行民法でも，承諾の期間を定めた契約の申込みは，その期間内は撤回ができず，承諾の期間を定めないでした契約の申込みは，（撤回の権利を留保していない限り）相当な期間を経過するまでは撤回できませんが，対話者間での申込みであれば相手が承諾しない間であればいつでも撤回ができると解されているところですが，改正民法はこのことを条文に明記しました。

改正民法

（承諾の期間の定めのない申込み）

第525条　承諾の期間を定めないでした申込みは，申込者が承諾の通知を受けるのに相当な期間を経過するまでは，撤回することができない。ただし，申込者が撤回をする権利を留保したときは，この限りではない。

2　対話者に対してして前項の申込みは，同項の規定にかかわらず，その対話が継続している間は，いつでも撤回することができる。

> 3　対話者に対してした第1項の申込みに対して対話が継続している間に申込者が承諾の通知を受けなかったときは，その申込みは，その効力を失う。ただし，申込者が対話の終了後もその申込みが効力を失わない旨を表示したときは，この限りでない。

3 税務実務への影響

　債権債務はそれが確定した時点で収入・費用，益金・損金処理されます。契約については成立した時点で債権債務が発生しますので，契約が民法上いつ成立するのかという点については精通しておく必要があります。今回，隔地者間の契約については，一般的に到達主義となりましたので，注意が必要です。

　もっとも，事業所得につき，実務上は成立発生をもってすぐに収入計上すべき確定時とみていません。たとえば，棚卸資産の販売については引渡日，人的役務の提供については役務提供完了日といった具合に，物とサービスを提供し終わった日を確定時と取り扱っています（所基通36-8）。法人の益金計上時期についても，企業会計が認める出荷日・引渡日・検収日などの複数の計上基準と揃えることを認める扱いとなっています（法基通2-1-2）。しかしながら，これらの計上基準も契約が成立していることが当然に前提となっていますので，民法がどのような場合に契約の成立を認め，いつ成立するとみているかについての理解はやはり重要といえます。

まとめ

・契約自由の原則を明記する条文が設けられました。
・離れたもの同士の契約の成立時期について,承諾を発したときから承諾が到着したときに変更されました。
・対話中の契約の申込みについては,相手が承諾するまでは,いつでも撤回ができることが条文で明記されました。
・収入や費用,益金や損金の計上時期は必ずしも契約締結時とは限りませんが,判断する際の当然の前提として民法上契約が既に成立していることの確認は必須です。

定型約款

第11章

1 現行民法

現行民法には，約款について規定した条文はありません。

条文はありませんが，金融・保険・運送・宿泊など，不特定多数の利用者との契約をかわすためにあらかじめ定型的に定められた契約条項として，約款の存在は広く認められており，現実にも活用されています。

定型のサービスを提供する業者によって一方的に用意される約款を，実際に当事者間に契約の内容としていくには，用意された約款を契約の中に組み入れる合意が別途必要であると解されています。組入れにあたっては，約款がどのようなものかわからなければ合意することはできませんので，約款の内容が開示されていること，またはその内容を相手方が認識可能であったことが必要となります。

2 改正民法のポイント

(1) 「定型取引」と「定型約款」という新ワードの創設

今回の民法の改正では，「定型約款」の規定が設けられましたが，これは一方当事者によって準備されている定型的な契約条項と広くとらえられている約款とは異なる概念です。改正民法では，「定型約款」というこれまでにない新しい概念が作り出されました。

「定型約款」とは，「定型取引において，契約の内容とすることを目的としてその特定の者により準備された条項の総体」（改正民法548の

2）をいいます。

　ここで「定型取引」とは，ある特定の者が不特定の者を相手方として行う取引であって，①その内容の全部又は一部が画一的で（内容の画一性），②①がその双方にとって合理的なもの（内容が画一的であることの合理性），をいいます（改正民法548の2）。

　個別交渉の余地のあるものは①があるとはいえず「定型取引」にはあたりません。また，いわゆる「雛形」は，念頭におかれている取引に通常②があるとはいえないため，「定型取引」において準備された条項の総体とはいえず，「定型約款」ということはできません。したがって，税理士が顧問先と顧問契約を締結する際に，画一的な雛形を用意していたとしても，画一的なものとする合理性は少なくとも顧客側にはありませんので，「定型取引」とはいえず，事前に準備された雛形をもって「定型約款」ということはできません。そのため，税理士の顧問契約には，基本的に，以下で説明するような新設された「定型約款」の民法の規定が適用されることはありません。

　上記①②を充たし不特定の者を相手方として行う「定型取引」としては，典型的には宿泊契約や旅行契約，預金契約などが想定されています。これらの契約を締結するために事業主側が準備した条項の総体が，「定型約款」に該当します。

(2) 取込みのみなし合意

「定型取引」を行うことを合意したものの間では，
① 「定型約款」を契約の内容とする旨の合意をするか，
② 「定型約款」を契約の内容とする旨を準備者が表示しさえすれば，
「定型約款」の個別の条項について合意をしたものとみなす，とさ

れています。

①は、これまでの約款の解釈と同じもので、「定型約款」の内容とするには別途、組み入れの合意を必要とするものです。

②は、今回の改正によって新たに付け加えられたものになります。「合意をしたものとみなす」と「合意」の言葉にこだわっているのは、契約の効力は当事者間の合意によってしか発生しない、という理論的な側面を重視したためです。

> **改正民法**（定型約款の合意）（新設）
>
> **第548条の2**　**定型取引**（ある特定の者が不特定の者を相手方として行う取引であって、その内容の全部又は一部が画一的であることがその双方にとって合理的なものをいう。以下同じ。）を行うことの合意（次条において「定型取引合意」という。）をした者は、次に掲げる場合には、**定型約款**（定型取引において、契約の内容とすることを目的としてその特定の者により準備された条項の総体をいう。以下同じ。）の個別の条項についても合意をしたものとみなす。
> 　一　定型約款を契約の内容とする旨の合意をしたとき。
> 　二　定型約款を準備した者（以下「定型約款準備者」という。）があらかじめその定型約款を契約の内容とする旨を相手方に表示していたとき。

以上が改正民法の規定ですが、「定型取引」を行っている旅客鉄道業界などでは、相手方に定型約款を表示すること自体もコストがかかり過ぎて、これをすべて行わせることが期待できない状況にあります。そこで、旅客鉄道業界については、運送法という別の法律で、相

手方に直接表示しなくても，一般的に公表すれば足りるという表現に改められることになっています。

(3) 不当条項の排除

「定型約款」の組入れのみなし合意は，どのような内容であっても認められるわけではありません。

改正民法（定型約款の合意）

第548条の２
＜略＞
2　前項の規定にかかわらず，同項の条項のうち，相手方の権利を制限し，又は相手方の義務を加重する条項であって，その定型取引の態様及びその実情並びに取引上の社会通念に照らして第１条第２項に規定する基本原則に反して相手方の利益を一方的に害すると認められるものについては，合意をしなかったものとみなす。

第１条第２項に規定する基本原則とは次のようなものです。

第１条　＜略＞
2　権利の行使及び義務の履行は，信義に従い誠実に行わなければならない。

　これは不特定の相手方，不特定の顧客側に一方的に不利な内容となっている定型約款の条項については，合意をしなかったとみなすもので，不当条項が契約内容になることを防ぐための規定です。

不当条項を防ぐという意味では，消費者と事業者との間の契約に適用される消費者契約法の10条に似ています。

○消費者契約法
(消費者の利益を一方的に害する条項の無効)
第10条　民法，商法（明治32年法律第48号）その他の法律の公の秩序に関しない規定の適用による場合に比し，消費者の権利を制限し，又は消費者の義務を加重する消費者契約の条項であって，民法第1条第2項に規定する基本原則に反して消費者の利益を一方的に害するものは，無効とする。

　消費者契約法10条は，消費者と事業者の情報格差や交渉力の格差に着目して，いったんは当事者の合意で契約条項になったものを無効とするものです。他方，改正民法は，そもそも「合意をしなかったものとみなす」ものであり，その合意の希薄さに着目していることに特色があります。

(4) 定型約款の内容の表示

改正民法　(定型約款の内容の表示)
第548条の3　定型取引を行い，又は行おうとする定型約款準備者は，定型取引合意の前又は定型取引合意の後相当の期間内に相手方から請求があった場合には，遅滞なく，相当な方法でその定型約款の内容を示さなければならない。ただし，定型約款準備者が既に相手方に対して定型約款を記載した書面を交付

し，又はこれを記録した電磁的記録を提供していたときは，この限りでない。
2 定型約款準備者が定型取引合意の前において前項の請求を拒んだときは，前条の規定は，適用しない。ただし，一時的な通信障害が発生した場合その他正当な事由がある場合は，この限りでない。

　上記条文をみてわかるとおり，「定型約款」の内容については，相手方から請求がなければ開示する必要はありません。しかも，その請求は「定型取引」の合意前又は合意後相当期間内のものに限られています。したがって，「定型約款」を使用する事業者としてはその請求を待っていればよいことになります。これは現行の民法理論よりも緩やかな取扱いといえます。
　もちろん，相手方から内容の開示請求があればこれに応じる義務があり，これを拒めば，その内容が契約内容になることはありません。

(5) 定型約款の変更

　「定型約款」については，次の場合，一方的意思表示でその内容を変更することが可能となっています。
① 定型約款の変更が，相手方の一般の利益に適合するとき。
② 定型約款の変更が，契約をした目的に反せず，かつ，変更の必要性，変更後の内容の相当性，この条の規定により定型約款の変更をすることがある旨の定めの有無及びその他の変更に係る事情に照らして合理的なものであるとき。

　もっとも，変更の効力発生時期までにインターネット等で変更後の

内容を周知しておくことが必要となります。周知がなかった場合，②の場合には，その変更の効力は発生しません。

> **改正民法** (定型約款の変更)
>
> **第548条の4** 定型約款準備者は，次に掲げる場合には，定型約款の変更をすることにより，変更後の定型約款の条項について合意があったものとみなし，個別に相手方と合意をすることなく契約の内容を変更することができる。
> 　一　定型約款の変更が，相手方の一般の利益に適合するとき。
> 　二　定型約款の変更が，契約をした目的に反せず，かつ，変更の必要性，変更後の内容の相当性，この条の規定により定型約款の変更をすることがある旨の定めの有無及びその他の変更に係る事情に照らして合理的なものであるとき。
> 2　定型約款準備者は，前項の規定による定型約款の変更をするときは，その効力発生時を定め，かつ，定型約款を変更する旨及び変更後の定型約款の内容並びにその効力発生時期をインターネットの利用その他の適切な方法により周知しなければならない。
> 3　第1項第2号の規定による定型約款の変更は，前項の効力発生時期が到来するまでに同項の規定による周知をしなければ，その効力を生じない。
> ＜略＞

3 税務実務への影響

　改正民法のいう定型取引を扱っている個人事業主や法人は，定型約款を改正民法に沿ったものに変更する必要があります。

　たとえば，定型約款が有効に契約の内容となっており，それに沿った形での消費者側からの解除が有効といえるのかといった点は，期末債権額を考える上で必須の検討事項です。

　繰り返しになりますが，雛形とは違いますので，何が定型取引に該当するのかについて，まずは知っておく必要があります。

まとめ

- 定型取引，定型約款という新しい概念が創出されました。
- 定型取引は，内容の全部または一部が画一的で，当事者双方にとって画一的であることが合理的といえる取引を指します。
- 定型約款とは，定型取引において，契約内容とすることを目的に準備された条項の総体のことをいいます。いわゆる雛形とイコールではありません。
- 定型約款中の不当条項は，合意をしなかったものとみなされます。
- 定型約款は事前に開示しなくても，相手方の請求があればこれを開示することで足ります。
- 定型約款の変更は，相手方の利益に適合する変更か，変更の必要性などが認められ事前にインターネット等で変更内容を周知した上での変更であれば認められます。
- 定型約款にかかわる債権債務を税務上計上する上でも，新しい定型約款の取扱いを知っておく必要があります。

売買

第12章

1 現行民法

売買契約の売主は，売買の目的となった権利や物に隠れた瑕疵があった場合，契約の解除をされ，または損害賠償責任を負うことがあります（瑕疵担保責任）。

> **現行民法**
>
> （売主の瑕疵担保責任）
> 第570条　売買の目的物に隠れた瑕疵があったときは，第566条の規定を準用する。ただし，強制競売の場合は，この限りでない。
>
> （地上権等がある場合等における売主の担保責任）
> 第566条　売買の目的物が地上権，永小作権，地役権，留置権又は質権の目的である場合において，買主がこれを知らず，かつ，そのために契約をした目的を達することができないときは，買主は，契約の解除をすることができる。この場合において，契約の解除をすることができないときは，損害賠償の請求のみをすることができる。
> 2　＜略＞
> 3　前2項の場合において，契約の解除又は損害賠償の請求は，買主が事実を知った時から1年以内にしなければならない。

この瑕疵担保の規定については，売買の目的物が不特定物の場合には，適用されないという考え方があり，判例も不特定物の場合は買主

が「瑕疵の存在を認識した上でこれを履行として認容」しない限り適用されないとの考え方をとっています（最判昭和36年12月15日民集15巻11号2852頁）。現行民法の瑕疵担保の規定は，特定物を想定しており，特定物に瑕疵があった場合には，瑕疵のない目的物は存在しないためそれを引き渡せば債務の履行になるが，それでは契約の目的を達成することができないこともあるため，買主を救済するために法が特別に設けた法定の責任であると理解します（法定責任説）。

これに対し，学説の中には，特定物であっても瑕疵のない目的物を引き渡すというのが当事者の合理的な意思といえ，瑕疵のある特定物を引き渡せばやはり債務不履行であるとし（契約責任説），民法の瑕疵担保の規定は，隠れた瑕疵がある場合について解除ができる場合を限定し，解除と損害賠償について通常10年行えるところを1年に限った特則であると理解する立場もあります。この立場では，特定物について瑕疵修補請求もできますし，損害賠償として通常の債務不履行の場合と同じく履行をきちんと受けていれば得られていたであろう利益まで請求できることになります。

2 改正民法のポイント

(1) 売主の追完義務

改正民法では，現行民法のもとで採用されているといわれる法定責任説を否定し，特定物であっても瑕疵があれば，そのようなものの引き渡しは債務不履行だとする契約責任説にのっとった上で，特定物・不特定物かを問わず，権利や物に瑕疵がある場合の特則として以下の

ような条文を設けました。

> **改正民法**
>
> （買主の追完請求権）
> 第562条　引き渡された目的物が種類，品質又は数量に関して契約の内容に適合しないものであるときは，買主は，売主に対し，目的物の修補，代替物の引渡し又は不足分の引渡しによる履行の追完を請求することができる。
> 　ただし，売主は，買主に不相当な負担を課するものでないときは，買主が請求した方法と異なる方法による履行の追完をすることができる。
> 2　前項の不適合が買主の責めに帰すべき事由によるものであるときは，買主は，前項の規定による履行の追完の請求をすることができない。

　改正民法では「瑕疵」との用語は使用されておらず，代わりに「種類，品質又は数量に関して契約の内容に適合」しているか（契約内容適合性），といった表現に改められました。「瑕疵」というと物に限定されたイメージをもってしまいますが，現行民法では，物に限らず，環境面での不適合，心理的に与えるマイナス面（事故物件であるなど）なども広く「瑕疵」という言葉の中に読み込んできました。これを改めすべて「契約内容に適合」しているか，という言葉に置き換えました。
　売主にこのような追完義務があるということは，前提として売主には目的物の「種類，品質又は数量に関して契約の内容に適合」した物を提供する義務があることになります。

追完方法については，買主が第一義的に選ぶことがきます。買主に不相当な負担がかからない場合には，売主は買主が請求した方法と異なる方法による履行の追完をすることもできます（改正民法562①）。たとえば，買主としては代替物の引き渡しを請求したとしても，修繕に時間がかからず，その他の機械などを止める必要もないというのであれば，売主としては販売した物を修繕するという手段を選ぶことができます。

　追完請求権は，不適合につき買主に帰責事由がある場合には行使できず，このような場合，解除も次に述べる代金減額請求もできません。

(2) 買主の代金減額請求権

　引き渡された目的物が種類，品質又は数量に関して契約の内容に適合しないものである場合において，追完請求したにも関わらず，それがなされないときは，代金の減額を請求できます（改正民法563）。現行民法でも数量不足又は物の一部滅失の場合には代金の減額請求ができることが定められています。改正民法では，代金減額請求は一部解除と同じ機能を果たすため，新しく設けた解除の要件にそろえる形で，文言の改正がなされています。

　改正民法では解除は債務不履行をした債務者への「制裁」から，債務不履行をされた債権者を契約の拘束力から解放するための手段と位置付けられました。代金減額請求権は損害賠償請求権ではなく一部解除の実質を持ちますので，そこに債務者の帰責事由は不要です。そのため，代金減額請求を買主から受けた売主は「契約不適合が売主の責めに帰することのできない事由によるものである」との抗弁を提出す

ることはできません。

　なお，契約不適合が買主の責めに帰することのできる事由によるときは，代金の減額請求はできません。

改正民法

（買主の代金減額請求権）

第563条　前条第1項本文に規定する場合において，買主が相当の期間を定めて履行の追完の催告をし，その期間内に履行の追完がないときは，買主は，その不適合の程度に応じて代金の減額を請求することができる。

2　前項の規定にかかわらず，次に掲げる場合には，買主は，同項の催告をすることなく，直ちに代金の減額を請求することができる。

　　一　履行の追完が不能であるとき。
　　二　売主が履行の追完を拒絶する意思を明確に表示したとき。
　　三　契約の性質又は当事者の意思表示により，特定の日時又は一定の期間内に履行をしなければ契約をした目的を達することができない場合において，売主が履行の追完をしないでその時期を経過したとき
　　四　前3号に掲げる場合のほか，買主が前項の催告をしても履行の追完を受ける見込みがないことが明らかであるとき。

3　第1項の不適合が買主の責めに帰すべき事由によるものであるときは，買主は，前2項の規定による代金の減額の請求をすることができない。

(3) 損害賠償の請求及び契約の解除

　種類，品質又は数量に関して契約の内容に適合しないときには，債務不履行となりますので，追完請求権に加えて，通常の債務不履行と同じ要件で損害賠償請求と解除ができます（改正民法564）。したがって，損害賠償については「契約その他の当該債務の発生原因及び取引上の社会通念に照らして債務者の責めに帰することができない事由」（改正民法415①但書）による内容の不適合なら損害賠償請求はできません。なお，債務者の責めに帰することができない事由があるかないかは，債務者に過失があるかどうかということとは異なります。注意が必要です。損害賠償ができるということになると，現行民法と異なり，履行利益についてまで損害賠償の対象とすることができます。

　解除については，現行民法と異なり，催告解除をすることも条文上可能になりました。催告解除による場合相当の期間経過時において債務不履行がその契約及び取引上の社会通念に照らして軽微であるときには，解除はできません。

(4) 権利移転義務の不履行に関する売主の責任等

　以上は引渡された目的物が種類，品質又は数量に関して契約の内容に適合しないものである場合の追完請求権，損害賠償，解除の話でしたが，改正民法では，これと同じことが，移転した権利が契約の内容に適合しない場合にもいえるようになりました。

改正民法

　第565条　前3条の規定は，売主が買主に移転した権利が契約の

内容に適合しないものである場合（権利の一部が他人に属する場合においてその権利の一部を移転しないときを含む。）について準用する。

上記条文では「権利の全部が他人に属する場合」が含まれない形になっていますが、このような場合は債務不履行一般の規定（債権総則・契約総則）で処理することになります。

(5) 買主の権利の期間制限

現行民法では、瑕疵担保責任については、瑕疵に善意のとき（知らなかったとき）は、これを知ってから1年の、悪意のとき（最初から知っていたとき）は、契約のときから1年の除斥期間に服することになっています（現行民法566③）。改正民法では、契約内容への不適合を「知った」のであれば1年以内に通知をすることが求められ、これを怠れば失権する扱いにしました（改正民法566）。

改正民法

（目的物の種類又は品質に関する担保責任の期間の制限）
第566条 売主が**種類又は品質**に関して契約の内容に適合しない**目的物**を買主に引き渡した場合において、買主がその不適合を知った時から1年以内にその旨を売主に通知しないときは、買主は、その不適合を理由として、履行の追完の請求、代金の減額の請求、損害賠償の請求及び契約の解除をすることができない。

ただし、売主が引渡しの時にその不適合を知り、又は重大な

> 過失によって知らなかったときは，この限りでない。

　改正民法では消滅時効は，権利行使ができることを知った時から5年（主観的起算点），権利行使ができるときから10年（客観的起算点）とされましたが（改正民法166①），上記条文は，主観的起算点の例外として5年が1年とされたことになります。客観的起算点については，原則と同じ10年になります。

　このように主観的起算点が例外的に1年に短縮されているのは，契約内容不適合（瑕疵）の有無は比較的短時間で判断が困難になることに加えて自分はやるべきことをしたという売主の信頼を保護するためでもあります。したがって，やるべきことをやっていないことを知っている売主については保護の必要はありません。そのため，売主が引渡しの時にその不適合を知り，又は重大な過失によって知らなかったときは，上記1年の失権ルールは適用されません。

　また，ここでの1年の失権ルールの条文には「数量」不足は入っていません。「権利」の不適合も入っていません。これらについては上記1年の失権ルールは適用されず，民法の消滅時効一般規定で処理，つまり主観的起算点については5年で処理されることになります。

　なお，瑕疵については，商法では次のような検査義務が課せられていますが，改正民法の内容不適合については，「知った」かどうかにつき，このような検査義務が課されたわけではありません。

〇商法526条

（買主による目的物の検査及び通知）
第526条　商人間の売買において，買主は，その売買の目的物を受領したときは，遅滞なく，その物を検査しなければならない。

2　前項に規定する場合において，買主は，同項の規定による検査により売買の目的物に瑕疵があること又はその数量に不足があることを発見したときは，直ちに売主に対してその旨の通知を発しなければ，その瑕疵又は数量の不足を理由として契約の解除又は代金減額若しくは損害賠償の請求をすることができない。売買の目的物に直ちに発見することのできない瑕疵がある場合において，買主が六箇月以内にその瑕疵を発見したときも，同様とする。

3　前項の規定は，売主がその瑕疵又は数量の不足につき悪意であった場合には，適用しない。

(6) 目的物の滅失又は損傷に関する危険の移転

　改正民法では，売買の目的として特定した目的物の引渡し後に，両当事者双方の責めに帰することができない事由で滅失又は損傷した場合には，買主はそれを理由に履行の追完請求，代金減額請求，損害賠償請求や解除はできないとされ，引渡しにより買主の領域に目的物が渡ると同時に買主に危険が移転することを定めました（改正民法567①）。

　売買の目的物が種類物である場合，どのような場合に「特定」するかについては定められていないため，今後の解釈に委ねられることになります。少なくとも契約内容に不適合なものを提供しても「特定した」とはいえないものと思われます。

改正民法

（目的物の滅失等についての危険の移転）

第567条　売主が買主に目的物（売買の目的として特定したものに限る。以下この条において同じ。）を引き渡した場合において，その引渡しがあった時以後にその目的物が当事者双方の責

めに帰することができない事由によって滅失し，又は損傷したときは，買主は，その滅失又は損傷を理由として，履行の追完の請求，代金の減額の請求，損害賠償の請求及び契約の解除をすることができない。この場合において，買主は代金の支払を拒むことができない。

2 　売主が契約の内容に適合する目的物をもって，その引渡しの債務の履行の提供をしたにもかかわらず，買主がその履行を受けることを拒み，又は受けることができない場合において，その履行の提供があった時以後に当事者双方の責めに帰することができない事由によってその目的物が滅失し，又は損傷したときも，前項と同様とする。

　引渡し前でいまだ買主の領域に入っていないが，買主のせいで履行遅滞に入っているときも，滅失のリスクは買主が負担することになります。

　他方，引渡し後の滅失につき売主に帰責事由があった場合には，上記条文は適用されず，滅失のリスクは売主が負担し，買主は滅失を理由に損害賠償や解除などが可能で，代金の支払いを拒むこともできます。

(7) 売買の規定の請負等の有償契約への準用

　以上の売買契約に関する契約不適合の場合の責任（瑕疵担保責任）等は売買契約以外のたとえば請負契約といった有償契約全般に，その性質に反しない限り準用されることになります（改正民法559）。そのため現行民法において定められていた請負契約の担保責任の条文はす

べて削除されることとなりました。

3 税務実務への影響

　売買契約の契約適合性（瑕疵担保責任）の問題は，代金減額請求（一部解除），損害賠償，解除などの債権債務の発生・消滅にかかわる問題であるため，権利確定主義を採用する所得税・法人税での収入・費用，益金・損金処理に直結する問題で，やはり正確な理解が求められます。

　今回の改正では，契約適合性の問題として，売買をはじめ請負などの有償契約全般において，瑕疵担保責任についてはその考え方が大きく変わりました。問題となっている債権債務は残っているのか，代金減額請求や解除は有効なのかなどの理解は，すべて民法により判断することになります。改正民法について十分なフォローが必要です。

まとめ

・「瑕疵」という用語の代わりに，種類，品質又は数量に関して契約の内容に適合しているかどうか，といった表現が用いられるようになりました。
・特定物であっても，契約内容適合性は問題となります。
・契約内容に適合しない場合には，追完請求，代金減額請求，損害賠償請求，契約の解除が可能です。
・契約内容の不適合は，それを知ってから1年以内に通知をしなければ，これに基づく請求権は失権します。ただし売り主が不適合を知っているときはこの限りでありません。
・有償契約全般において適用される契約適合性の問題は，債権債務の行方を左右する重大なルールとなりますので，権利確定主義を原則とする税務においても正確な理解が求められます。

消費貸借

第13章

1 現行民法

　消費貸借契約は，当事者の一方が種類，品質及び数量の同じ物をもって返還をすることを約束した上で，相手方から金銭その他の物を受け取ることで成立します（現行民法587）。契約の成立に金銭等の受け取りまで求められていることから「要物契約」といわれます。

　準消費貸借契約は，消費貸借によらないで金銭その他の物を給付する義務を負う者がある場合において，当事者がその物を消費貸借の目的とすることを約束したときに成立する消費貸借契約のことをいいます（民法588）。条文上は，「消費貸借によらないで」とありますが，判例実務では消費貸借契約によって債務を負っている者が，これを消費貸借の目的とすることを約束する準消費貸借契約も認められています（大判大正2年1月24日民録19輯11頁）。

　なお，民法上の消費貸借契約においては無利息が原則となっており，利息請求を行うには，その旨の特約が必要となります。商人間の金銭消費貸借については当然に利息付となり，利率について合意しなかった場合には，年6分の利息となります（商法514）。

2 改正民法のポイント

　改正民法では，これまでの要物契約としての消費貸借契約に加えて，金銭等の受け取りがなくても，受け取る物と種類，品質及び数量の同じ物をもって返還することを約することで，契約としての拘束力を認める諾成契約としての消費貸借契約についても規定しました。つ

まり，消費貸借契約は，従来の要物契約としての消費貸借契約と，新しい諾成契約としての消費貸借契約の2本立てとなりました。

　諾成による軽率な契約締結を防ぐため，諾成契約としての消費貸借契約は，要物契約としての消費貸借と異なり，書面による必要があることになっています（「要式契約」）。また，金銭等を受け取るまでは借主に一方的な解除権が与えられています。借主には金銭等の受領義務はなく，受領までの利息も支払う義務はありません。借主の解除によって貸主が損害を被った場合には，借主は損害賠償義務を負いますが，この「損害」は貸主が主張立証する必要があり，解除までの期間の利息相当額は「損害」に含まれません。

改正民法

（書面でする消費貸借等）

第587条の2　前条の規定にかかわらず，書面でする消費貸借は，当事者の一方が金銭その他の物を引き渡すことを約し，相手方がその受け取った物を種類，品質及び数量の同じ物をもって返還することを約することによって，その効力を生ずる。

2　書面でする消費貸借の借主は，貸主から金銭その他の物を受け取るまで，契約の解除をすることができる。この場合において，貸主は，その契約の解除によって損害を受けたときは，借主に対し，その賠償を請求することができる。

3　書面でする消費貸借は，借主が貸主から金銭その他の物を受け取る前に当事者の一方が破産手続開始の決定を受けたときは，その効力を失う。

4　消費貸借がその内容を記録した電磁的記録によってされたときは，その消費貸借は，書面によってされたものとみなして，

> 前3項の規定を適用する。

　また，改正民法では準消費貸借の条文から，「消費貸借によらないで」の文言を削除し，現行民法でも認められている，消費貸借を目的とする債務を対象とする準消費貸借についてもこれを認めることを条文で明記しました。なお，準消費貸借契約については，書面による必要はありません。

3 税務実務への影響

　法律上，商人間の金銭消費貸借契約においては当然に利息付の契約と扱われているように，税務上も，貸主が営利事業を行う法人の場合，無利息の貸付を行うと，原則として利息を収受した上でこれを寄附したとの認定課税が行われます。個人間の金銭消費貸借契約であっても，通常の経済取引であれば利息の支払義務があるような取引であれば，利息相当額につき贈与があったものとみなされることになります。利息が発生する前提として，金銭消費貸借契約そのものが成立しているかどうかは，民法の規律によります。改正民法では書面で行えば金銭収受前であっても諾成契約としての金銭消費貸借契約を締結できるようになりましたが，その場合，金銭の授受が実際に行われるまでは利息が発生することはありませんので，注意が必要です。

まとめ

・消費貸借契約が，従来の要物契約としての消費貸借契約と，新しい諾成契約としての消費貸借契約の二本立てとなりました。

・諾成契約としての消費貸借は，金銭等の受け取りがなくても成立するもので，書面により行う必要があります。借主には受領義務はなく，受領まで利息を支払う義務もありません。

・通常の経済取引であれば利息を発生させる場面でこれを発生させなかった場合，税務上，利息を収受した上でこれを寄附又は贈与したとみなされます。利息に関する税務処理を行う前提として，金銭消費貸借が成立していたのかの検討は必須になります。

賃貸借(敷金)

第14章

1 現行民法

　現行民法では，賃貸借契約は，一方がある物の使用及び収益を相手方にさせることを約し，相手方がこれに対してその賃料を支払うことを約することによって成立します（現行民法601）。

　しかし，敷金については何らこれを定めた条文がなく，すべて判例で規律されてきました。また，賃借人は，賃借物を受けとったあとに発生した損傷について原状回復義務を負いますが，その範囲について定めた条文もありませんでした。

2 改正民法のポイント

(1) 賃貸借の成立

　改正民法では，賃貸借契約は，一方がある物の使用及び収益を相手方にさせることを約し，相手方がこれに対してその賃料を支払うことを約することによって成立するという部分はそのままにした上で，相手方が約する必要のある内容として，引渡し受領物の契約終了時の返還，が追加されました。これまでの通説を明文化したものです。

(2) 敷金

　上述の通り，敷金については，これまで条文はなく判例によって規律されてきました。改正民法では，賃貸借が終了し，かつ賃貸物を返

還したとき，または適法に賃借権を譲渡したときには，控除残額を返還しなければならない，また賃借人側から敷金を賃料債務等の弁済に充当することの請求はできない，と定め，これまでの判例の取扱いを明文化しています。

(3) 賃貸借終了後の収去義務及び原状回復義務

　賃借物を受け取った後に賃借人が附属させたものについては，賃貸借契約終了のときに，賃借人はこれを収去する義務を負います。もっとも，分離することのできないもの，あるいは分離するとなると過分の費用を要するものは除きます。これらについては賃借人の方が状況に応じて賃貸人に必要費あるいは有益費としてその費用の償還を請求することになります。

　賃借物を受けとったあとに発生した損傷については，賃借人は原状回復義務を負います。ただし賃借人に帰責できない損傷は除かれます。また，通常使用収益によって生じた損耗や経年変化も除かれます。これは，最高裁判所の判例によって次のように判示されていたことが明文化されたものです。

○最判平成17年12月16日集民218巻1239頁

　賃借人は，賃貸借契約が終了した場合には，賃借物件を原状に回復して賃貸人に返還する義務があるところ，賃貸借契約は，賃借人による賃借物件の使用とその対価としての賃料の支払を内容とするものであり，賃借物件の損耗の発生は，賃貸借という契約の本質上当然に予定されているものである。それゆえ，建物の賃貸借においては，賃借人が社会通念上通常の使用をした場合に生ずる賃借物件の劣化又は価値の減少を意味する通常損

耗に係る投下資本の減価の回収は，通常，減価償却費や修繕費等の必要経費分を賃料の中に含ませてその支払を受けることにより行われている。そうすると，建物の賃借人にその賃貸借において生ずる通常損耗についての原状回復義務を負わせるのは，賃借人に予期しない特別の負担を課すことになるから，賃借人に同義務が認められるためには，少なくとも，賃借人が補修費用を負担することになる通常損耗の範囲が賃貸借契約書の条項自体に具体的に明記されているか，仮に賃貸借契約書では明らかでない場合には，賃貸人が口頭により説明し，賃借人がその旨を明確に認識し，それを合意の内容としたものと認められるなど，その旨の特約（以下「通常損耗補修特約」という。）が明確に合意されていることが必要であると解するのが相当である。

参考　使用貸借

(1) 使用貸借の成立

　使用貸借契約は賃貸借契約が有償であることと異なり無償にてこれを使用貸借させる契約であるところに特徴があり，これまで使用貸借するものを実際に渡すことによってその効力が生ずる要物契約とされていました。しかし，これでは社宅のように実際にものを渡す以前においても何等かの法的効果を認める場合に対応できなかったため，改正民法では，賃貸借契約と同じように，一方が使用収益させることを約し，他方が受領物の契約終了時の返還を約することだけでもその効力が生ずる諾成契約に変更されました。

(2) 使用貸借終了後の収去義務及び原状回復義務

　使用貸借契約においても，借用物の受取後に発生した損傷については借主に原状回復義務があります。ただし借主に帰責できな

い損傷は除きます。もっとも賃貸借と異なり通常使用収益によって生じた損耗や経年変化は除かれません。これは使用貸借契約は無償のため賃貸借契約のように損耗等を織り込んだ形で賃料を設定することができないからです。損耗や経年変化についてどちらが負担するかは契約の趣旨で様々であるため，民法のデフォルトルールとしては貸主負担とはしませんでした。

3 税務実務への影響

(1) 敷金

　敷金は，受領しても，通常は課税所得となりません。ただし，高額の敷金の場合には，無利息あるいは低利の融資と同視され課税されることがあります（所基通36－15，令79・80）。

　今回の改正はこれまで条文はないものの判例が認めてきた敷金の取扱いを条文で明文化したにすぎません。税務上の取扱いにおいても，改正前後で特に変化は生じないものと思われます。

(2) 賃貸借か使用貸借か

　賃貸借契約か使用貸借かは，税務上も重要な意味をもつ法的性質の違いです。これまで，税務上は，公租公課の負担程度であれば使用貸借とみてよいとされてきました（最判昭和41年10月27日民集20巻8号649頁）。また，使用貸借権の相続税評価は零（国税庁質疑応答事例）とされており，使用貸借されている宅地は自用地価額で評価することに

なっていました（質疑応答事例）。

　個人間の土地の使用貸借においては貸主，借主ともに課税はありませんが，どちらか一方が法人である場合の土地の使用貸借については，無償返還届出がない場合には貸主に権利金の認定課税がなされ，借主には受贈益または給与と認定されることがあります（東京地判昭和47年9月28日判時690号35頁）。他方，無償返還届出がある場合には貸主には権利金の認定課税はありませんが（法基通13－1－7），相当の地代については認定課税がありえます。その場合，借主については相当の地代部分のみ受贈益課税を受ける可能性があります。このように法律に基づかない届出の有無で課税関係に差異が生じることには批判のあるところでした。また相当の地代は通常より高額の6％で地代を計算されており，この点にも批判のあるところでした。

　今回の改正では，賃貸借契約と使用貸借契約の本質が変更になったわけではありません。そこで，こうした税務上の取扱いは引き続き行われるものと予想されます。上記問題点についても，そのまま引き続き検討を要する課題として残ることになるでしょう。

まとめ

- 賃貸借契約が有効に成立するためには，受領物を契約終了時に返還することを約することまで必要であることが条文で明記されました。
- 賃貸借契約終了後の賃借人の原状回復義務の対象から，通常の使用収益によって生じた損耗や経年変化が外されました。もっとも当事者間の合意でこれを含めることは可能です。
- 賃貸借契約か使用貸借契約かによって，税務上は相続税評価等において大きな差異を生じさせることになります。

委任契約

第15章

1 現行民法

委任契約については，現行民法では，特約がなければ報酬を請求できないとされています（民法648①）。特約を結び報酬が得られる場合としては，委任事務を履行した後に得られるケースと，期間によって報酬を定め期間終了後に得られるケースが想定されています（民法648②）。委任が受任者の責めに帰することができない事由によって履行途中で終了したときは，既にした履行割合で報酬を請求できます（民法648③）。

委任契約は，各当事者がいつでも解除をできますが，当事者の一方が相手方に不利な時期に委任の解除をしたときは，やむをえない事由がない限り，相手方の損害を賠償する必要があります（民法651）。委任契約が受任者の利益をも図ることを目的としている場合に委任者が解除したときも損害賠償義務を負うとされています（最判昭和56年1月19日民集35巻1号1頁）。

2 改正民法のポイント

改正民法では，委任契約によって報酬が得られる場合として，一定の成果に対して報酬を支払うケースが追加されました。成果が引渡しを要するときは，報酬は成果の引渡しと同時履行関係に立ちます（改正民法648の2）。

また，委任者に帰責事由なく委任事務をすることができなくなったとき，又は委任が履行の中途で終了したときには，既に履行した割合

で報酬の請求ができますが（改正民法648③），成果完成型では，委任者が利益を受ける限度で報酬を請求できます（改正民法648の2②）。委任契約の履行不能または終了につき，委任者に帰責事由がある場合には，予定していた報酬の全額請求が可能です。

改正民法では，当事者の一方が相手方に不利な時期に委任の解除をしたときに加えて，委任契約が受任者の利益をも図ることを目的としている場合に委任者がこれを解除したときにも，やむをえない事由がない限り，相手方の損害を賠償する義務を負うことが明文化されました（改正民法651②）。委任契約が受任者の利益をも図ることを目的としている場合としては，単に受任者が委任者から報酬を得ることになっているだけというような場合は含みません（同法651②かっこ書）。

3 税務実務への影響

委任契約による報酬計上時期としては，税務上も，報酬債権の成立する役務完了日又は期間によって報酬を定めた場合には期間経過日とする扱いが認められています（所基通36-8(5)，法基通2-1-12）。

改正民法では，成果の引渡しを要するときには報酬は成果の引渡しと同時履行関係に立つとされましたが，このようなときには，税務上も成果の引渡日に報酬を計上する取扱いが認められるものと思われます。

なお，税理士委嘱契約書は民法上は委任契約です。税務書類等の作成を目的としてこれに対して一定の金額を支払うことを約した契約書は，民法上は成果物の引渡しを含む委任契約にあたる可能性もありますが，印紙税法上はかかる約束の部分は一律に請負契約と扱い，課税

対象とする通達があることには注意が必要です（印基通別表第1第2号文書17）。

> **まとめ**
> ・委任契約で報酬が得られるケースとして，一定の成果に対して報酬を得るケースが条文上加えられました。この場合，成果が引渡しを要するときには，報酬と引渡しは同時履行関係に立ちます。
> ・委任契約が受任者の利益をも図ることを目的としている場合に委任者がこれを解除した場合，やむをえない事由がない限り，委任者は損害賠償義務を負うことが明文化されました。
> ・成果の引渡しを要するときの報酬の計上時期は，引渡し時になるものと思われます。

附録

民法改正が税法解釈に与える影響について

青山学院大学法学部教授　木山泰嗣

　民法（債権部分）改正が，税法解釈にどのような影響を与えるかについては，まだ本格的な議論が開始されていないように思う。

　民法改正の内容は「国民にわかりやすく」といいながら，いざ読んでみると，時効の中断や停止といった長年使われてきた基本用語が変わるなどの制度変更も多い。専門家である弁護士等にとっても新しい用語や制度に慣れるまで時間を要するのではないか（しっかりと勉強をしないと旧法で民法を考えるあたまのままで実務を行うことになってしまうのではないか）。こうした危惧に加え，税法解釈（本書は実務家向けのため，税務＝実務と表記している）に与える影響を検討するとなると，文献がとても少ないのが実情である。

　そもそも民法と税法との関係について十分な議論があまりなされてこなかったこともあるが[1]，税法にからんだ訴訟がほとんどない民法の規定もあり，判例が存在しないことによる影響も大きいと思われる（たとえば，消滅時効によって得られる債務消滅益（＝債務免除益のようなもの）について議論されたものは，極めて少ない[2]）。

　他方で，いったん行われた納税者の確定申告の撤回を錯誤を理由に認めてよいかが争点になった最高裁判決もあり[3]，様々に議論がされている[4]。

---

1) こうした関係について網羅的に整理されたものに，三木義一監修／本山敦＝伊川正樹編『新実務家のための税務相談　民法編』（有斐閣，2017年），三木義一＝関根稔＝山名隆男＝占部裕典『実務家のための税務相談　民法編〔第2版〕』（有斐閣，2006年），東京弁護士会編『法律家のための税法　民法編〔新訂第7版〕』（第一法規，2014年）等がある。
2) 三木（監修）・前掲注1）56頁〔木山泰嗣執筆部分〕にある「所得課税の観点から考えると，債務免除益を得たと認定される可能性が理論的にはあります」との説明を参照。
3) 最判昭和39年10月22日民集18巻8号1762頁。
4) 谷口勢津夫「錯誤に基づく選択権行使の拘束力に関する一考察(1)(2)」税法学491号（1991年）1頁，492号（1991年）1頁，三木義一「遺産分割の錯誤無効と税法」戒能通厚＝原田純

しかし，この論点についても，複数の最高裁判決があるにもかかわらず[5]，これらを横断的に整理した議論は少ない。

このような「民法改正が税法解釈に与える影響について」研究者の視点から考えると，そもそも，現行民法と税法解釈の関係について明らかにされていない問題が多いことがわかる。いずれはさまざまな論点について研究論文にまとめたいと考えているところではあるが，さしあたり，本書の監修をするなかで特に気になった論点（①錯誤，②債務免除益，③消滅時効）を，ここで簡潔に指摘しておきたい。

なお，判例も乏しく，議論すらされていない論点もあるため，本稿はその問題点と考え方を示すにとどまるものである。改正民法が税法の解釈適用に与える影響を考えるためには現行民法と税法の関係が解明されなければならない。この点には，留意する必要がある。

1 錯　誤

まず，錯誤については，納税申告という私人による公法上の行為（私人の公法行為[6]）について，私法の規定である錯誤無効（民法95条）の適用ができるかという論点がある。この点については，最高裁判決が３つあり[7]，なかでも先例としての最高裁昭和39年判決[8]が重みを持っている。また，これを前提に，近年では更正の請求（国税通則法23条）で，申告後に自らに有利に申告内容を修正できるかという論点もみられるところである[9]。

しかし，改正民法により，錯誤無効から錯誤取消しに錯誤の効果が変

孝＝広渡清吾編『渡辺洋三先生追悼論集　日本社会と法律学―歴史，現状，展望』（日本評論社，2009年）489頁等参照。
5) 最判昭和39年10月22日・前掲注３），最判昭和62年11月10日訟月34巻４号861頁，最判平成２年６月５日民集44巻４号612頁。
6) 渡部吉隆「判解」最高裁判所判例解説民事篇昭和39年度385頁参照。
7) 最判昭和39年10月22日・前掲注３），最判昭和62年11月10日・前掲注５），最判平成２年６月５日・前掲注５）。
8) 最判昭和39年10月22日・前掲注３）。
9) 最判平成21年７月10日民集63巻６号1092頁，東京地判平成21年２月27日判タ1355号123頁等。

わった場合に，この法改正が上記の税法解釈に影響を与えるかについては，あらたな論点になると考えられる。議論のないなかで考えられる可能性を検討すると，最高裁昭和39年判決が，（1）民法が規定する錯誤の効果が無効であることに重きを置いて判断したものなのか，そうではなく（2）税法の特殊性（申告納税制度の下で納税申告を錯誤により後から修正することの問題点）に重きを置いて判断したものなのか，どちらに捉えるべきかが重要になると思われる。

（1）であるとすれば，民法改正により錯誤の効果が取消しになったことが税法解釈に影響を及ぼす可能性がある。本書に解説されているように，無効に比べると，取消しはこれが認められるためのハードルは低いからである（特に，行政行為が無効になるためには，重大かつ明白な瑕疵が必要であると解されているが[10]，これが取消しになることで緩和されるのではないかという議論が出てくるかもしれない）。

これに対し，（2）であるとすれば，民法が規定する錯誤の効果が無効から取消しに改正されたとしても，そのことが税法解釈に大きな影響を与えることはないように思う（少なくともそのような方向性に解釈される可能性が十分にある）。そもそも，納税申告は私法が直接適用される場面ではない。だからこそ，民法95条を直接に適用できるか，あるいは類推適用ができないのか，という議論さえあった[11]。この点について答えを示したのが，最高裁昭和39年判決であることを考えると，錯誤の効果が無効から取消しに変わっても，根本的な同判決の考え方に大きな変動を求めることにはならないようにも思われる。

なお，2億円もの譲渡所得課税をされると知っていたら不動産を財産分

---

[10] 最判昭和36年3月7日民集15巻3号381頁。ただし，所得の人的帰属を誤った課税処分について，重大性のみを理由に無効と判断された例もある（最判昭和48年4月26日民集27巻3号629頁）。

[11] 伊藤剛志「判批」水野忠恒＝中里実＝佐藤英明＝増井良啓編『租税判例百選〔第4版〕』（有斐閣，2005年）195頁，酒井克彦「判批」水野忠恒＝中里実＝佐藤英明＝増井良啓＝渋谷雅弘編『租税判例百選〔第5版〕』（有斐閣，2011年）184頁，田部井彩「判批」宇賀克也＝交告尚史＝山本隆司編『行政判例百選Ⅰ〔第6版〕』（有斐閣，2012年）269頁等参照。

与しなかったとして元夫から元妻に対して所有権移転登記抹消請求がなされた民事訴訟で，錯誤無効の主張が認められた事案がある[12]。このように課税問題を理由に私法行為について錯誤無効の主張がなされる例があるが[13]，この場合は，民法95条の錯誤規定が直接適用される場面である。その意味で，錯誤規定が改正された点が，この場合は直接影響を与えることになる。しかし，そもそもこれは税法の解釈適用の場面ではない（民法95条が直接適用される場面である）。

2 債務免除益

債務免除益については，課税される根拠について，税法上それなりの議論がされてきた。諸説あるが[14]，債務免除によって消滅した債務（債権）相当額が原則として「経済的な利益」（所得税法36条1項かっこ書，2項）として所得課税の対象になることに争いはない。最近の最高裁判決で，権利能力のない社団[15]が理事長に対して約48億円の貸付金の債務免除をした事案について，給与所得（所得税法28条1項，183条1項）に該当すると判断された例がある[16]。この最高裁平成27年判決においても，債務免除益が原則として所得にあたることについては，当然の前提として議論がなされている。

---

12) 最判平成元年9月14日家月41巻11号75頁。
13) 要素の錯誤があると判断されながらも，重過失があるとして錯誤無効の主張が認められなかった例に，高知地判平成17年2月15日訟月52巻12号3697頁がある（ただし，控訴審では重過失はないとされ，別の理由から錯誤無効の主張が否定された（高松高判平成18年2月23日訟月52巻12号3672頁））。
14) 債務免除益が「経済的な利益」（所得税法36条1項かっこ書，2項）として所得課税の対象になる理論的な説明としては，従来，借入金アプローチ，純資産アプローチの2つの考え方があるとされてきたが，近時では債務控除アプローチという考え方を提唱する見解も登場している（増井良啓「債務免除益をめぐる所得税法上のいくつかの解釈問題（上）（下）」ジュリ1315号（2006年）192頁，1317号（2006年）268頁，藤間大順「債務免除益課税の基礎理論―事業再生税制の『資力喪失要件』に対する解釈を中心として―（上）（下）」青山ビジネスロー・レビュー6巻1号（2016年）71頁，6巻2号（2017年）29頁参照）。
15) 人格のない社団等（所得税法2条1項8号，法人税法2条8号）に該当し，税法上は法人とみなされる（所得税法4条，法人税法3条）。
16) 最判平成27年10月8日集民251号1頁。

債権者が法人（権利能力のない社団）であり，債務者が個人（理事長）である事案であったため，債務者の所得税（正確には，債務免除をした権利能力のない社団の源泉徴収義務）が問題になったものであるが，債務免除益に対する課税は，債権者が個人か法人か，債務者が個人か法人かによって適用される税法が異なる。

　まず，債権者が法人で債務者が個人の場合は，個人の債務者に生じた債務免除益については所得税の課税対象になり，その所得区分が問題になる[17]。この場合の債務免除益が給与所得に該当する場合には「給与等の支払」として，法人には源泉徴収義務が生じる（所得税法183条1項[18]）。これに対し，債権者が個人で債務者が個人の場合，相続税法8条の適用となり，債務免除益が生じた債務者には，原則としてみなし贈与課税がなされる（ただし，資力を喪失して弁済をすることが困難な場合には，例外的に課税されない（同法8条ただし書））。

　次に，債権者が法人で債務者が法人の場合，または債権者が個人で債務者が法人の場合，債務者である法人には債務免除された債務（債権）相当額が債務免除益として，当該事業年度の益金（法人税法22条2項）に算入される[19]。

　このように債務免除益に対する課税については，債権者及び債務者がそれぞれ法人か個人かによって適用される税法条文が異なるが，この点につ

---

17) 最判平成27年10月8日・前掲注16），東京高判平成22年6月23日税資260号順号11455，大阪高判平成24年2月16日訟月58巻11号3876頁，仙台高判平成17年10月26日税資255号順号10174，東京高判平成28年2月17日裁判所HP等参照。
18) ただし，旧所得税基本通達36-17（所得税法44条の2第1項の創設に伴い，平成26年度税制改正で廃止された）の適用が問題となり，債務免除時における債務者の資産と負債の比較から，資力を喪失して弁済をすることが著しく困難といえるものでない部分についてのみ源泉徴収義務が生じるとした裁判例がある（広島高判平成29年2月8日公刊物未登載）。筆者は，この判決の考え方に疑問がある（木山泰嗣「判批」青山法学論集59巻3号（2017年）91頁参照）。
19) 債権者が法人で債務者が法人の場合の債務免除益については，東京高判平成20年3月25日税資258号順号10925（東京地判平成19年9月27日税資257号順号10791）がある。債権者が個人で債務者が法人の場合の債務免除益については，福岡高判平成元年3月16日税資169号571頁（大分地判昭和62年4月15日税資158号80頁）がある。

いては裁判例もあるし，適用条文についても税法上整理がされているといえる。

なお，債務免除を行った債権者については，債権者が法人の場合は貸倒損失（法人税法22条3項3号）や寄附金（同法37条）[20]，役員給与（多くの場合は役員賞与であろう）と認定される場合には役員給与の損金不算入規定（同法34条1項，2項）の適用が問題になるであろう。これに対し，債権者が個人の場合には，資産損失としての貸倒損失（所得税法51条）の適用が問題になるであろう。

以上のそれぞれの税法適用については，個々にみると裁判例もそれなりにあるところではあるが，債務免除益課税についてその理論的根拠や税法適用上の諸論点についてまでは深く論じられておらず，詳細な研究に乏しいことが否めない。これがさらに債務引受などになると，理論的には免責的債務引受の場合は債務免除益が同様に生じると考えられるところであるが，裁判例に乏しく深い議論はなされていない[21]。

3 消滅時効

次に，消滅時効によって生じる利益（債務が消滅したことによって債務者が得る利益）について考える。取得時効については裁判例があり[22]，不動産の所有権を取得時効によって得た個人の納税者には，一時所得（所得税法34条1項）として課税されること，学説上は諸説あるが[23]年度帰属は

---

20) 東京高判平成20年3月6日税資258号順号10912（東京地判平成19年9月27日税資257号順号10792）参照。
21) ただし，三木（監修）・前掲注1）125-128頁〔馬渕泰至執筆部分〕には，分析的な税務処理についての解説がなされている。
22) 東京地判平成4年3月10日訟月39巻1号139頁，静岡地判平成8年7月18日行集47巻7＝8号632頁。
23) 裁判例が採用する援用時説のほかに，占有開始時説，時効完成時説，確定時説などがある（水島淳「判批」中里実＝佐藤英明＝増井良啓＝渋谷雅弘編『租税判例百選〔第6版〕』（有斐閣，2016年）33頁，望月爾「判批」水野忠恒＝中里実＝佐藤英明＝増井良啓＝渋谷雅弘編『租税判例百選〔第5版〕』（有斐閣，2011年）87頁参照）。

援用時を基準とすべきことが判示されている[24]。

　また，債務免除益については，上記2のとおり，債権者・債務者がそれぞれ法人か個人かによって適用される税法条文は異なるが，債務免除益が上記のように課税対象になることについては，判例も含め，議論が整っている。

　しかし，消滅時効については，取得時効と異なり，具体的に不動産などの経済的価値を有する物の所有権を取得するものではない。そこで，そもそも，消滅時効により債権者がどのような利益を得たのかが問題にされなければならない。この点，法的に存在していた債権者に対する債務が，消滅時効の援用によって（そして裁判所の確定判断によって）消滅する。これが消滅時効の解釈である。そうすると，消滅した債務相当額について，原則として債務消滅益（債務免除益）を得ているといえ，所得が発生したと考えるのが自然であろう。

　ここで，3つの問題点が生じる。1つは，そもそも，裁判所で消滅時効について判断される場合，当事者間で債権の存在についても争われているケースがあることである。そして，裁判所の判断が，「仮に債権が存在していたとしても，消滅時効が完成しており援用があるため，いずれにしても請求権は存在しない。」といったものであった場合，法的に存在していた債務が消滅したといえるのか（債務消滅益（債務免除益）が本当に存在するのか）が，認定事実から読み取れないという場合があり得る。これは事実認定の問題であるが，このような場合について税法適用をすることには困難を伴うと思われる。

　いま1つは，法的な債務が存在していた事実は明らかであり，消滅時効によって当該債務が消滅したことが明らかである場合に，当該債務消滅益（債務免除益）については，債務免除益の場合と同じ税法規定を適用できるのか，という問題である。たとえば，個人の債務が消滅時効により消滅

---

[24] 形成権に対する課税及びその年度帰属について論じたものに，酒井克彦『所得税法の論点研究―裁判例・学説・実務の総合的検討―』（財経詳報社，2011年）291-295頁がある。

した場合，上記の債務免除益と同じように考えれば債権者が法人であれば所得税の問題となり，債権者が個人であれば贈与税の問題になりそうである（相続税法8条）。しかし，消滅時効により生じる利益（債務消滅益）は，厳密にいうと，債権者による債務免除によって生じた利益ではない。そこで，誰から得た利益なのかを，債務免除益と同じように区別してよいのかという疑問も生じる[25]。債務消滅益が生じた原因は，債権者の債務免除ではなく（債権者はおそらく訴訟で債権の行使を主張していた），法律上の消滅時効制度によって消滅したものである。このように考えると，これを債務免除益と呼ぶことに税法上問題はないとしても，債務免除が行われたものではないのに，債務免除について定めた規定（相続税法8条）を適用できるのかという問題が生じるであろう[26]。より理論的にいえば，債権者から債務者に経済的利益が移転したといえるのか，という問題になるであろう。

　同じように，個人の債務者の場合には，所得税法44条の2（事業再生税制）の適用も文理上はできないのではないか（債務免除が行われたものではないため），という問題も生じる。もちろん，消滅時効は債務者の資力が喪失しているかとは通常かかわらないことかもしれない。しかし，資力を喪失していた債務者の債務が時効で消滅することも，あり得なくはない。このように，消滅時効によって債務者が得た利益については，債務免除益と全く同様に考えてよいかという問題があり，今後活発な議論がなされるべきではないかと考える[27]。

---

[25] この点，増井教授は，「正確には債務免除の例ではなく，時効による債務の消滅の例」というべきとしながらも，「債務消滅原因に関するこの違いは」所得計算には「有意な違いをもたらさない」とする（増井・前掲注14）（下）271頁。

[26] 「理屈としては消滅時効の援用による利益が発生しますので，消滅時効を理由として身内内間の債務を消滅させた場合は贈与税の課税などが問題になります」と説明するものに，三木・前掲注1）61-62頁〔関根稔執筆部分〕がある。

[27] 時効と課税を分析したものに，苅米裕「時効を起因とする所得と財産の取得認定と課税問題」税法学569号（2013年）31頁，債務消滅と課税を論じたものに，岡村忠生「事業取引における債務の移転について」金子宏＝中里実＝J.マーク・ラムザイヤー編『租税法と市場』（有斐閣，2014年）372頁がある。

民法の一部を改正する法律案新旧対照条文

＊法務省ホームページに掲載の内容を加工
（傍線部分は改正部分）

○民法（明治29年法律第89号）

改　正　案	現　行
目次 　第一編　（略） 　　第二章　（略） 　　　第二節　意思能力（第3条の2） 　　　第三節　行為能力（第4条―第21条） 　　第四節　住所（第22条―第24条） 　　　第五節　不在者の財産の管理及び失踪の宣告 　　　　　　（第25条―第32条） 　　　第六節　同時死亡の推定（第32条の2） 　　第七章　（略） 　　　第三節　消滅時効（第166条―第174条） 　第三編　（略） 　　第一章　（略） 　　　第二節　（略） 　　　　第一款　債務不履行の責任等（第412条―第422条の2） 　　　　第二款　債権者代位権（第423条―第423条の7） 　　　　第三款　詐害行為取消権 　　　　　第一目　詐害行為取消権の要件（第424条―第424条の5） 　　　　　第二目　詐害行為取消権の行使の方法等（第424条の6―第424条の9） 　　　　　第三目　詐害行為取消権の行使の効果（第425条―第425条の4） 　　　　　第四目　詐害行為取消権の期間の制限（第426条） 　　　第三節　（略） 　　　　第三款　連帯債権（第432条―第435条の2） 　　　　第四款　連帯債務（第436条―第445条） 　　　　第五款　保証債務 　　　　　第一目　総則（第446条―第465条） 　　　　　第二目　個人根保証契約（第465条の2―465条の5） 　　　　　第三目　事業に係る債務についての保証契約の特則（第465条の6―第465条の10） 　　　第四節　債権の譲渡（第466条―第469条） 　　　第五節　債務の引受け 　　　　第一款　併存的債務引受（第470条・第471条） 　　　　第二款　免責的債務引受（第472条―第472条の4） 　　　第六節　債権の消滅 　　　　第一款　（略） 　　　　　第一目　総則（第473条―第493条）	目次 　第一編　（同左） 　　第二章　（同左） 　　　（新設） 　　　第二節　行為能力（第4条―第21条） 　　　第三節　住所（第22条―第24条） 　　　第四節　不在者の財産の管理及び失踪の宣告 　　　　　　（第25条―第32条） 　　　第五節　同時死亡の推定（第32条の2） 　　第七章　（同左） 　　　第三節　消滅時効（第166条―第174条の2） 　第三編　（同左） 　　第一章　（同左） 　　　第二節　（同左） 　　　　第一款　債務不履行の責任等（第412条―第422条） 　　　　第二款　債権者代位権及び詐害行為取消権（第423条―第426条） 　　　　（新設） 　　　第三節　（同左） 　　　　（新設） 　　　　第三款　連帯債務（第432条―第445条） 　　　　第四款　保証債務 　　　　　第一目　総則（第446条―第465条） 　　　　　第二目　貸金等根保証契約（第465条の2―第465条の5） 　　　　　（新設） 　　　第四節　債権の譲渡（第466条―第473条） 　　　（新設） 　　　第五節　債権の消滅 　　　　第一款　（同左） 　　　　　第一目　総則（第474条―第493条）

第二款　相殺(第505条—<u>第512条の２</u>) 第五款　混同(第520条) 第七節　有価証券 　第一款　指図証券(第520条の２—第520条の12) 　第二款　記名式所持人払証券(第520条の13—第520条の18) 　第三款　その他の記名証券(第520条の19) 　第四款　無記名証券(第520条の20)	第二款　相殺(第505条—第512条) 第五款　混同(第520条) (新設)
第二章　(略) 　第一節　(略) 　　<u>第三款　契約上の地位の移転(第539条の２)</u> 　　<u>第四款</u>　契約の解除(第540条—第548条) 　　<u>第五款　定型約款(第548条の２—第548条の４)</u> 　第七節　(略) 　　第三款　賃貸借の終了(<u>第616条の２</u>—第622条) 　　<u>第四款　敷金(第622の２)</u>	第二章　(同左) 　第一節　(同左) 　(新設) 　　<u>第三款</u>　契約の解除(第540条—第548条) 　(新設) 　第七節　(同左) 　　第三款　賃貸借の終了(第617条—第622条) 　(新設)
第五章　不法行為(第709条—<u>第724条の２</u>)	第五章　不法行為(第709条—<u>第724条</u>)
<u>第二節　意思能力</u>	(新設)
<u>第3条の２　法律行為の当事者が意思表示をした時に意思能力を有しなかったときは、その法律行為は、無効とする。</u>	(新設)
第三節　行為能力	第二節　行為能力
(保佐人の同意を要する行為等) 第13条　被保佐人が次に掲げる行為をするには、その保佐人の同意を得なければならない。ただし、第9条ただし書に規定する行為については、この限りでない。 　一〜九　(略) 　<u>十　前各号に掲げる行為を制限行為能力者(未成年者、成年被後見人、被保佐人及び第17条第１項の審判を受けた被補助人をいう。以下同じ。)の法定代理人としてすること。</u> 2〜4　(略)	(保佐人の同意を要する行為等) 第13条　被保佐人が次に掲げる行為をするには、その保佐人の同意を得なければならない。ただし、第9条ただし書に規定する行為については、この限りでない。 　一〜九　(同左) 　(新設) 2〜4　(同左)
(制限行為能力者の相手方の催告権) 第20条　制限行為能力者の相手方は、その制限行為能力者が行為能力者(行為能力の制限を受けない者をいう。以下同じ。)となった後、その者に対し、１箇月以上の期間を定めて、その期間内にその取り消すことができる行為を追認するかどうかを確答すべき旨の催告をすることができる。この場合において、その者がその期間内に確答を発しないときは、その行為を追認したものとみなす。	(制限行為能力者の相手方の催告権) 第20条　制限行為能力者(<u>未成年者、成年被後見人、被保佐人及び第17条第１項の審判を受けた被補助人をいう。以下同じ。</u>)の相手方は、その制限行為能力者が行為能力者(行為能力の制限を受けない者をいう。以下同じ。)となった後、その者に対し、１箇月以上の期間を定めて、その期間内にその取り消すことができる行為を追認するかどうかを確答すべき旨の催告をすることができる。この場合において、その者がその期間内に確答を発しないときは、その行

改正案	現行
2～4 （略）	為を追認したものとみなす。 2～4 （同左）
第四節　住所 第五節　不在者の財産の管理及び失踪の宣告 第六節　同時死亡の推定	第三節　住所 第四節　不在者の財産の管理及び失踪の宣告 第五節　同時死亡の推定
（不動産及び動産） 第86条　（略） 2　（略） (削る)	（不動産及び動産） 第86条　（同左） 2　（同左） 3　無記名債権は、動産とみなす。
（公序良俗） 第90条　公の秩序又は善良の風俗に反する法律行為は、無効とする。	（公序良俗） 第90条　公の秩序又は善良の風俗に反する事項を目的とする法律行為は、無効とする。
（心裡留保） 第93条　意思表示は、表意者がその真意ではないことを知ってしたときであっても、そのためにその効力を妨げられない。ただし、相手方がその意思表示が表意者の真意ではないことを知り、又は知ることができたときは、その意思表示は、無効とする。 2　前項ただし書の規定による意思表示の無効は、善意の第三者に対抗することができない。	（心裡留保） 第93条　意思表示は、表意者がその真意ではないことを知ってしたときであっても、そのためにその効力を妨げられない。ただし、相手方が表意者の真意を知り、又は知ることができたときは、その意思表示は、無効とする。 （新設）
（錯誤） 第95条　意思表示は、次に掲げる錯誤に基づくものであって、その錯誤が法律行為の目的及び取引上の社会通念に照らして重要なものであるときは、取り消すことができる。 一　意思表示に対応する意思を欠く錯誤 二　表意者が法律行為の基礎とした事情についてのその認識が真実に反する錯誤 2　前項第2号の規定による意思表示の取消しは、その事情が法律行為の基礎とされていることが表示されていたときに限り、することができる。 3　錯誤が表意者の重大な過失によるものであった場合には、次に掲げる場合を除き、第1項の規定による意思表示の取消しをすることができない。 一　相手方が表意者に錯誤があることを知り、又は重大な過失によって知らなかったとき。 二　相手方が表意者と同一の錯誤に陥っていたとき。 4　第1項の規定による意思表示の取消しは、善意でかつ過失がない第三者に対抗することができない。	（錯誤） 第95条　意思表示は、法律行為の要素に錯誤があったときは、無効とする。ただし、表意者に重大な過失があったときは、表意者は、自らその無効を主張することができない。
（詐欺又は強迫） 第96条　（略） 2　相手方に対する意思表示について第三者が詐欺を行った場合においては、相手方がその事実を知り、又は知ることができたときに限り、その意思表示を	（詐欺又は強迫） 第96条　（同左） 2　相手方に対する意思表示について第三者が詐欺を行った場合においては、相手方がその事実を知っていたときに限り、その意思表示を取り消すことがで

取り消すことができる。
3　前2項の規定による詐欺による意思表示の取消しは、善意でかつ過失がない第三者に対抗することができない。

（意思表示の効力発生時期等）
第97条　意思表示は、その通知が相手方に到達した時からその効力を生ずる。
2　相手方が正当な理由なく意思表示の通知が到達することを妨げたときは、その通知は、通常到達すべきであった時に到達したものとみなす。
3　意思表示は、表意者が通知を発した後に死亡し、意思能力を喪失し、又は行為能力の制限を受けたときであっても、そのためにその効力を妨げられない。

（意思表示の受領能力）
第98条の2　意思表示の相手方がその意思表示を受けた時に意思能力を有しなかったとき又は未成年者若しくは成年被後見人であったときは、その意思表示をもってその相手方に対抗することができない。ただし、次に掲げる者がその意思表示を知った後は、この限りでない。
一　相手方の法定代理人
二　意思能力を回復し、又は行為能力者となった相手方

（代理行為の瑕疵）
第101条　代理人が相手方に対してした意思表示の効力が意思の不存在、錯誤、詐欺、強迫又はある事情を知っていたこと若しくは知らなかったことにつき過失があったことによって影響を受けるべき場合には、その事実の有無は、代理人について決するものとする。
2　相手方が代理人に対してした意思表示の効力が意思表示を受けた者がある事情を知っていたこと又は知らなかったことにつき過失があったことによって影響を受けるべき場合には、その事実の有無は、代理人について決するものとする。
3　特定の法律行為をすることを委託された代理人がその行為をしたときは、本人は、自ら知っていた事情について代理人が知らなかったことを主張することができない。本人が過失によって知らなかった事情についても、同様とする。

（代理人の行為能力）
第102条　制限行為能力者が代理人としてした行為は、行為能力の制限によっては取り消すことができない。ただし、制限行為能力者が他の制限行為能力者の法定代理人としてした行為については、この限りでない。

きる。
3　前2項の規定による詐欺による意思表示の取消しは、善意の第三者に対抗することができない。

（隔地者に対する意思表示）
第97条　隔地者に対する意思表示は、その通知が相手方に到達した時からその効力を生ずる。
(新設)

2　隔地者に対する意思表示は、表意者が通知を発した後に死亡し、又は行為能力を喪失したときであっても、そのためにその効力を妨げられない。

（意思表示の受領能力）
第98条の2　意思表示の相手方がその意思表示を受けた時に未成年者又は成年被後見人であったときは、その意思表示をもってその相手方に対抗することができない。ただし、その法定代理人がその意思表示を知った後は、この限りでない。

(新設)
(新設)

（代理行為の瑕疵）
第101条　意思表示の効力が意思の不存在、詐欺、強迫又はある事情を知っていたこと若しくは知らなかったことにつき過失があったことによって影響を受けるべき場合には、その事実の有無は、代理人について決するものとする。

(新設)

2　特定の法律行為をすることを委託された場合において、代理人が本人の指図に従ってその行為をしたときは、本人は、自ら知っていた事情について代理人が知らなかったことを主張することができない。本人が過失によって知らなかった事情についても、同様とする。

（代理人の行為能力）
第102条　代理人は、行為能力者であることを要しない。

改正案	現行
(削る)	(復代理人を選任した代理人の責任) 第105条　代理人は、前条の規定により復代理人を選任したときは、その選任及び監督について、本人に対してその責任を負う。 2　代理人は、本人の指名に従って復代理人を選任したときは、前項の責任を負わない。ただし、その代理人が、復代理人が不適任又は不誠実であることを知りながら、その旨を本人に通知し又は復代理人を解任することを怠ったときは、この限りでない。
(法定代理人による復代理人の選任) 第105条　法定代理人は、自己の責任で復代理人を選任することができる。この場合において、やむを得ない事由があるときは、<u>本人に対してその選任及び監督について</u>の責任のみを負う。	(法定代理人による復代理人の選任) 第106条　法定代理人は、自己の責任で復代理人を選任することができる。この場合において、やむを得ない事由があるときは、<u>前条第1項</u>の責任のみを負う。
(復代理人の権限等) 第106条　(略) 2　復代理人は、本人及び第三者に対して、<u>その権限の範囲内において</u>、代理人と同一の権利を有し、義務を負う。	(復代理人の権限等) 第107条　(同左) 2　復代理人は、本人及び第三者に対して、代理人と同一の権利を有し、義務を負う。
(代理権の濫用) 第107条　代理人が自己又は第三者の利益を図る目的で代理権の範囲内の行為をした場合において、相手方がその目的を知り、又は知ることができたときは、その行為は、代理権を有しない者がした行為とみなす。	(新設)
(自己契約及び双方代理等) 第108条　同一の<u>法律行為について、相手方の代理人として、又は当事者双方の代理人としてした行為は、代理権を有しない者がした行為とみなす</u>。ただし、債務の履行及び本人があらかじめ許諾した行為については、この限りでない。 2　前項本文に規定するもののほか、代理人と本人との利益が相反する行為については、代理権を有しない者がした行為とみなす。ただし、本人があらかじめ許諾した行為については、この限りでない。	(自己契約及び双方代理) 第108条　同一の<u>法律行為については、相手方の代理人となり、又は当事者双方の代理人となることはできない</u>。ただし、債務の履行及び本人があらかじめ許諾した行為については、この限りでない。 (新設)
(代理権授与の表示による表見代理等) 第109条　(略) 2　第三者に対して他人に代理権を与えた旨を表示した者は、その代理権の範囲内においてその他人が第三者との間で行為をしたとすれば前項の規定によりその責任を負うべき場合において、その他人が第三者との間でその代理権の範囲外の行為をしたときは、第三者がその行為についてその他人の代理権があると信ずべき正当な理由があるときに限り、その行為についての責任を負う。	(代理権授与の表示による表見代理) 第109条　(同左) (新設)
(権限外の行為の表見代理) 第110条　<u>前条第1項本文</u>の規定は、代理人がその権	(権限外の行為の表見代理) 第110条　<u>前条本文</u>の規定は、代理人がその権限外の

限外の行為をした場合において、第三者が代理人の権限があると信ずべき正当な理由があるときについて準用する。

（代理権消滅後の表見代理等）
第112条　他人に代理権を与えた者は、代理権の消滅後にその代理権の範囲内においてその他人が第三者との間でした行為について、代理権の消滅の事実を知らなかった第三者に対してその責任を負う。ただし、第三者が過失によってその事実を知らなかったときは、この限りでない。
2　他人に代理権を与えた者は、代理権の消滅後に、その代理権の範囲内においてその他人が第三者との間で行為をしたとすれば前項の規定によりその責任を負うべき場合において、その他人が第三者との間でその代理権の範囲外の行為をしたときは、第三者がその行為についてその他人の代理権があると信ずべき正当な理由があるときに限り、その行為についての責任を負う。

（無権代理人の責任）
第117条　他人の代理人として契約をした者は、自己の代理権を証明したとき、又は本人の追認を得たときを除き、相手方の選択に従い、相手方に対して履行又は損害賠償の責任を負う。

2　前項の規定は、次に掲げる場合には、適用しない。
一　他人の代理人として契約をした者が代理権を有しないことを相手方が知っていたとき。
二　他人の代理人として契約をした者が代理権を有しないことを相手方が過失によって知らなかったとき。ただし、他人の代理人として契約をした者が自己に代理権がないことを知っていたときは、この限りでない。
三　他人の代理人として契約をした者が行為能力の制限を受けていたとき。

（取消権者）
第120条　行為能力の制限によって取り消すことができる行為は、制限行為能力者(他の制限行為能力者の法定代理人としてした行為にあっては、当該他の制限行為能力者を含む。)又はその代理人、承継人若しくは同意をすることができる者に限り、取り消すことができる。
2　錯誤、詐欺又は強迫によって取り消すことができる行為は、瑕疵ある意思表示をした者又はその代理人若しくは承継人に限り、取り消すことができる。

（取消しの効果）
第121条　取り消された行為は、初めから無効であったものとみなす。

行為をした場合において、第三者が代理人の権限があると信ずべき正当な理由があるときについて準用する。

（代理権消滅後の表見代理）
第112条　代理権の消滅は、善意の第三者に対抗することができない。ただし、第三者が過失によってその事実を知らなかったときは、この限りでない。

（無権代理人の責任）
第117条　他人の代理人として契約をした者は、自己の代理権を証明することができず、かつ、本人の追認を得ることができなかったときは、相手方の選択に従い、相手方に対して履行又は損害賠償の責任を負う。

2　前項の規定は、他人の代理人として契約をした者が代理権を有しないことを相手方が知っていたとき、若しくは過失によって知らなかったとき、又は他人の代理人として契約をした者が行為能力を有しなかったときは、適用しない。

（取消権者）
第120条　行為能力の制限によって取り消すことができる行為は、制限行為能力者又はその代理人、承継人若しくは同意をすることができる者に限り、取り消すことができる。

2　詐欺又は強迫によって取り消すことができる行為は、瑕疵かしある意思表示をした者又はその代理人若しくは承継人に限り、取り消すことができる。

（取消しの効果）
第121条　取り消された行為は、初めから無効であったものとみなす。ただし、制限行為能力者は、その行為によって現に利益を受けている限度において、

	返還の義務を負う。
(原状回復の義務) 第121条の2　無効な行為に基づく債務の履行として給付を受けた者は、相手方を原状に復させる義務を負う。 2　前項の規定にかかわらず、無効な無償行為に基づく債務の履行として給付を受けた者は、給付を受けた当時その行為が無効であること（給付を受けた後に前条の規定により初めから無効であったものとみなされた行為にあっては、給付を受けた当時その行為が取り消すことができるものであること）を知らなかったときは、その行為によって現に利益を受けている限度において、返還の義務を負う。 3　第1項の規定にかかわらず、行為の時に意思能力を有しなかった者は、その行為によって現に利益を受けている限度において、返還の義務を負う。行為の時に制限行為能力者であった者についても、同様とする。	（新設）
(取り消すことができる行為の追認) 第122条　取り消すことができる行為は、第120条に規定する者が追認したときは、以後、取り消すことができない。	(取り消すことができる行為の追認) 第122条　取り消すことができる行為は、第120条に規定する者が追認したときは、以後、取り消すことができない。ただし、追認によって第三者の権利を害することはできない。
(追認の要件) 第124条　取り消すことができる行為の追認は、取消しの原因となっていた状況が消滅し、かつ、取消権を有することを知った後にしなければ、その効力を生じない。 2　次に掲げる場合には、前項の追認は、取消しの原因となっていた状況が消滅した後にすることを要しない。 　一　法定代理人又は制限行為能力者の保佐人若しくは補助人が追認をするとき。 　二　制限行為能力者（成年被後見人を除く。）が法定代理人、保佐人又は補助人の同意を得て追認をするとき。 （削る）	(追認の要件) 第124条　追認は、取消しの原因となっていた状況が消滅した後にしなければ、その効力を生じない。 2　成年被後見人は、行為能力者となった後にその行為を了知したときは、その了知をした後でなければ、追認をすることができない。 3　前2項の規定は、法定代理人又は制限行為能力者の保佐人若しくは補助人が追認をする場合には、適用しない。
(法定追認) 第125条　追認をすることができる時以後に、取り消すことができる行為について次に掲げる事実があったときは、追認をしたものとみなす。ただし、異議をとどめたときは、この限りでない。 一～六　（略）	(法定追認) 第125条　前条の規定により追認をすることができる時以後に、取り消すことができる行為について次に掲げる事実があったときは、追認をしたものとみなす。ただし、異議をとどめたときは、この限りでない。 一～六　（同左）
(条件の成就の妨害等) 第130条　（略）	(条件の成就の妨害) 第130条　（同左）

2　条件が成就することによって利益を受ける当事者が不正にその条件を成就させたときは、相手方は、その条件が成就しなかったものとみなすことができる。	(新設)
(時効の援用) 第145条　時効は、当事者(消滅時効にあっては、保証人、物上保証人、第三取得者その他権利の消滅について正当な利益を有する者を含む。)が援用しなければ、裁判所がこれによって裁判をすることができない。	(時効の援用) 第145条　時効は、当事者が援用しなければ、裁判所がこれによって裁判をすることができない。
(裁判上の請求等による時効の完成猶予及び更新) 第147条　次に掲げる事由がある場合には、その事由が終了する(確定判決又は確定判決と同一の効力を有するものによって権利が確定することなくその事由が終了した場合にあっては、その終了の時から6箇月を経過する)までの間は、時効は、完成しない。 　一　裁判上の請求 　二　支払督促 　三　民事訴訟法第275条第1項の和解又は民事調停法(昭和26年法律第222号)若しくは家事事件手続法(平成23年法律第52号)による調停 　四　破産手続参加、再生手続参加又は更生手続参加 2　前項の場合において、確定判決又は確定判決と同一の効力を有するものによって権利が確定したときは、時効は、同項各号に掲げる事由が終了した時から新たにその進行を始める。	(時効の中断事由) 第147条　時効は、次に掲げる事由によって中断する。 　一　請求 　二　差押え、仮差押え又は仮処分 　三　承認
(強制執行等による時効の完成猶予及び更新) 第148条　次に掲げる事由がある場合には、その事由が終了する(申立ての取下げ又は法律の規定に従わないことによる取消しによってその事由が終了した場合にあっては、その終了の時から6箇月を経過する)までの間は、時効は、完成しない。 　一　強制執行 　二　担保権の実行 　三　民事執行法(昭和54年法律第4号)第195条に規定する担保権の実行としての競売の例による競売 　四　民事執行法第196条に規定する財産開示手続 2　前項の場合には、時効は、同項各号に掲げる事由が終了した時から新たにその進行を始める。ただし、申立ての取下げ又は法律の規定に従わないことによる取消しによってその事由が終了した場合は、この限りでない。	(時効の中断の効力が及ぶ者の範囲) 第148条　前条の規定による時効の中断は、その中断の事由が生じた当事者及びその承継人の間においてのみ、その効力を有する。
(仮差押え等による時効の完成猶予) 第149条　次に掲げる事由がある場合には、その事由が終了した時から6箇月を経過するまでの間は、時効は、完成しない。 　一　仮差押え 　二　仮処分	(裁判上の請求) 第149条　裁判上の請求は、訴えの却下又は取下げの場合には、時効の中断の効力を生じない。

(催告による時効の完成猶予)
第150条　催告があったときは、その時から6箇月を経過するまでの間は、時効は、完成しない。
2　催告によって時効の完成が猶予されている間にされた再度の催告は、前項の規定による時効の完成猶予の効力を有しない。

(協議を行う旨の合意による時効の完成猶予)
第151条　権利についての協議を行う旨の合意が書面でされたときは、次に掲げる時のいずれか早い時までの間は、時効は、完成しない。
一　その合意があった時から1年を経過した時
二　その合意において当事者が協議を行う期間(1年に満たないものに限る。)を定めたときは、その期間を経過した時
三　当事者の一方から相手方に対して協議の続行を拒絶する旨の通知が書面でされたときは、その通知の時から6箇月を経過した時
2　前項の規定により時効の完成が猶予されている間にされた再度の同項の合意は、同項の規定による時効の完成猶予の効力を有する。ただし、その効力は、時効の完成が猶予されなかったとすれば時効が完成すべき時から通じて5年を超えることができない。
3　催告によって時効の完成が猶予されている間にされた第1項の合意は、同項の規定による時効の完成猶予の効力を有しない。同項の規定により時効の完成が猶予されている間にされた催告についても、同様とする。
4　第1項の合意がその内容を記録した電磁的記録(電子的方式、磁気的方式その他人の知覚によっては認識することができない方式で作られる記録であって、電子計算機による情報処理の用に供されるものをいう。以下同じ。)によってされたときは、その合意は、書面によってされたものとみなして、前3項の規定を適用する。
5　前項の規定は、第1項第3号の通知について準用する。

(承認による時効の更新)
第152条　時効は、権利の承認があったときは、その時から新たにその進行を始める。
2　前項の承認をするには、相手方の権利についての処分につき行為能力の制限を受けていないこと又は権限があることを要しない。

(時効の完成猶予又は更新の効力が及ぶ者の範囲)
第153条　第147条又は第148条の規定による時効の完成猶予又は更新は、完成猶予又は更新の事由が生じた当事者及びその承継人の間においてのみ、その効力を有する。
2　第149条から第151条までの規定による時効の完成猶予は、完成猶予の事由が生じた当事者及びその承

(支払督促)
第150条　支払督促は、債権者が民事訴訟法第392条に規定する期間内に仮執行の宣言の申立てをしないことによりその効力を失うときは、時効の中断の効力を生じない。

(和解及び調停の申立て)
第151条　和解の申立て又は民事調停法(昭和26年法律第222号)若しくは家事事件手続法(平成23年法律第52号)による調停の申立ては、相手方が出頭せず、又は和解若しくは調停が調わないときは、1箇月以内に訴えを提起しなければ、時効の中断の効力を生じない。

(破産手続参加等)
第152条　破産手続参加、再生手続参加又は更生手続参加は、債権者がその届出を取り下げ、又はその届出が却下されたときは、時効の中断の効力を生じない。

(催告)
第153条　催告は、6箇月以内に、裁判上の請求、支払督促の申立て、和解の申立て、民事調停法若しくは家事事件手続法による調停の申立て、破産手続参加、再生手続参加、更生手続参加、差押え、仮差押え又は仮処分をしなければ、時効の中断の効力を生じない。

継人の間においてのみ、その効力を有する。
3　前条の規定による時効の更新は、更新の事由が生じた当事者及びその承継人の間においてのみ、その効力を有する。

第154条　第148条第1項各号又は第149条各号に掲げる事由に係る手続は、時効の利益を受ける者に対してしないときは、その者に通知をした後でなければ、第148条又は第149条の規定による時効の完成猶予又は更新の効力を生じない。

第155条から第157条まで　削除

（差押え、仮差押え及び仮処分）
第154条　差押え、仮差押え及び仮処分は、権利者の請求により又は法律の規定に従わないことにより取り消されたときは、時効の中断の効力を生じない。

第155条　差押え、仮差押え及び仮処分は、時効の利益を受ける者に対してしないときは、その者に通知をした後でなければ、時効の中断の効力を生じない。
（承認）
第156条　時効の中断の効力を生ずべき承認をするには、相手方の権利についての処分につき行為能力又は権限があることを要しない。
（中断後の時効の進行）
第157条　中断した時効は、その中断の事由が終了した時から、新たにその進行を始める。
2　裁判上の請求によって中断した時効は、裁判が確定した時から、新たにその進行を始める。

（未成年者又は成年被後見人と時効の完成猶予）
第158条　（略）
2　（略）

（未成年者又は成年被後見人と時効の停止）
第158条　（同左）
2　（同左）

（夫婦間の権利の時効の完成猶予）
第159条　（略）

（夫婦間の権利の時効の停止）
第159条　（同左）

（相続財産に関する時効の完成猶予）
第160条　（略）

（相続財産に関する時効の停止）
第160条　（同左）

（天災等による時効の完成猶予）
第161条　時効の期間の満了の時に当たり、天災その他避けることのできない事変のため第147条第1項各号又は第148条第1項各号に掲げる事由に係る手続を行うことができないときは、その障害が消滅した時から3箇月を経過するまでの間は、時効は、完成しない。

（天災等による時効の停止）
第161条　時効の期間の満了の時に当たり、天災その他避けることのできない事変のため時効を中断することができないときは、その障害が消滅した時から2週間を経過するまでの間は、時効は、完成しない。

（債権等の消滅時効）
第166条　債権は、次に掲げる場合には、時効によって消滅する。
　一　債権者が権利を行使することができることを知った時から5年間行使しないとき。
　二　権利を行使することができる時から10年間行使しないとき。
2　債権又は所有権以外の財産権は、権利を行使することができる時から20年間行使しないときは、時効

（消滅時効の進行等）
第166条　消滅時効は、権利を行使することができる時から進行する。

（新設）

【左欄（改正案）】

によって消滅する。
3　前2項の規定は、始期付権利又は停止条件付権利の目的物を占有する第三者のために、その占有の開始の時から取得時効が進行することを妨げない。ただし、権利者は、その時効を更新するため、いつでも占有者の承認を求めることができる。

（人の生命又は身体の侵害による損害賠償請求権の消滅時効）
第167条　人の生命又は身体の侵害による損害賠償請求権の消滅時効についての前条第1項第2号の規定の適用については、同号中「10年間」とあるのは、「20年間」とする。

（定期金債権の消滅時効）
第168条　定期金の債権は、次に掲げる場合には、時効によって消滅する。
　一　債権者が定期金の債権から生ずる金銭その他の物の給付を目的とする各債権を行使することができることを知った時から10年間行使しないとき。
　二　前号に規定する各債権を行使することができる時から20年間行使しないとき。
2　定期金の債権者は、時効の更新の証拠を得るため、いつでも、その債務者に対して承認書の交付を求めることができる。

（判決で確定した権利の消滅時効）
第169条　確定判決又は確定判決と同一の効力を有するものによって確定した権利については、10年より短い時効期間の定めがあるものであっても、その時効期間は、10年とする。
2　前項の規定は、確定の時に弁済期の到来していない債権については、適用しない。

第170条から第174条まで　削除

【右欄（現行）】

2　前項の規定は、始期付権利又は停止条件付権利の目的物を占有する第三者のために、その占有の開始の時から取得時効が進行することを妨げない。ただし、権利者は、その時効を中断するため、いつでも占有者の承認を求めることができる。

（債権等の消滅時効）
第167条　債権は、10年間行使しないときは、消滅する。
2　債権又は所有権以外の財産権は、20年間行使しないときは、消滅する。

（定期金債権の消滅時効）
第168条　定期金の債権は、第1回の弁済期から20年間行使しないときは、消滅する。最後の弁済期から10年間行使しないときも、同様とする。

2　定期金の債権者は、時効の中断の証拠を得るため、いつでも、その債務者に対して承認書の交付を求めることができる。

（定期給付債権の短期消滅時効）
第169条　年又はこれより短い時期によって定めた金銭その他の物の給付を目的とする債権は、5年間行使しないときは、消滅する。

（3年の短期消滅時効）
第170条　次に掲げる債権は、3年間行使しないときは、消滅する。ただし、第2号に掲げる債権の時効は、同号の工事が終了した時から起算する。
　一　医師、助産師又は薬剤師の診療、助産又は調剤に関する債権
　二　工事の設計、施工又は監理を業とする者の工事に関する債権
第171条　弁護士又は弁護士法人は事件が終了した時から、公証人はその職務を執行した時から3年を経過したときは、その職務に関して受け取った書類について、その責任を免れる。
（2年の短期消滅時効）
第172条　弁護士、弁護士法人又は公証人の職務に関する債権は、その原因となった事件が終了した時から2年間行使しないときは、消滅する。
2　前項の規定にかかわらず、同項の事件中の各事項が終了した時から5年を経過したときは、同項の期間内であっても、その事項に関する債権は、消滅す

	る。 第173条　次に掲げる債権は、２年間行使しないときは、消滅する。 　一　生産者、卸売商人又は小売商人が売却した産物又は商品の代価に係る債権 　二　自己の技能を用い、注文を受けて、物を製作し又は自己の仕事場で他人のために仕事をすることを業とする者の仕事に関する債権 　三　学芸又は技能の教育を行う者が生徒の教育、衣食又は寄宿の代価について有する債権 （１年の短期消滅時効） 第174条　次に掲げる債権は、１年間行使しないときは、消滅する。 　一　月又はこれより短い時期によって定めた使用人の給料に係る債権 　二　自己の労力の提供又は演芸を業とする者の報酬又はその供給した物の代価に係る債権 　三　運送賃に係る債権 　四　旅館、料理店、飲食店、貸席又は娯楽場の宿泊料、飲食料、席料、入場料、消費物の代価又は立替金に係る債権 　五　動産の損料に係る債権
（削る）	（判決で確定した権利の消滅時効） 第174条の２　確定判決によって確定した権利については、10年より短い時効期間の定めがあるものであっても、その時効期間は、10年とする。裁判上の和解、調停その他確定判決と同一の効力を有するものによって確定した権利についても、同様とする。 ２　前項の規定は、確定の時に弁済期の到来していない債権については、適用しない。
第284条　（略） ２　共有者に対する時効の更新は、地役権を行使する各共有者に対してしなければ、その効力を生じない。 ３　地役権を行使する共有者が数人ある場合には、その１人について時効の完成猶予の事由があっても、時効は、各共有者のために進行する。	第284条　（同左） ２　共有者に対する時効の中断は、地役権を行使する各共有者に対してしなければ、その効力を生じない。 ３　地役権を行使する共有者が数人ある場合には、その１人について時効の停止の原因があっても、時効は、各共有者のために進行する。
（地役権の消滅時効） 第291条　第166条第２項に規定する消滅時効の期間は、継続的でなく行使される地役権については最後の行使の時から起算し、継続的に行使される地役権についてはその行使を妨げる事実が生じた時から起算する。	（地役権の消滅時効） 第291条　第167条第２項に規定する消滅時効の期間は、継続的でなく行使される地役権については最後の行使の時から起算し、継続的に行使される地役権についてはその行使を妨げる事実が生じた時から起算する。
第292条　要役地が数人の共有に属する場合において、その１人のために時効の完成猶予又は更新があるときは、その完成猶予又は更新は、他の共有者のためにも、その効力を生ずる。	第292条　要役地が数人の共有に属する場合において、その１人のために時効の中断又は停止があるときは、その中断又は停止は、他の共有者のためにも、その効力を生ずる。
第316条　賃貸人は、第622条の２第１項に規定する敷	第316条　賃貸人は、敷金を受け取っている場合に

新	旧
金を受け取っている場合には、その敷金で弁済を受けない債権の部分についてのみ先取特権を有する。	は、その敷金で弁済を受けない債権の部分についてのみ先取特権を有する。

（設定行為に別段の定めがある場合等）
第359条　前3条の規定は、設定行為に別段の定めがあるとき、又は担保不動産収益執行（民事執行法第180条第2号に規定する担保不動産収益執行をいう。以下同じ。）の開始があったときは、適用しない。

第363条　削除

（債権を目的とする質権の対抗要件）
第364条　債権を目的とする質権の設定（現に発生していない債権を目的とするものを含む。）は、第467条の規定に従い、第三債務者にその質権の設定を通知し、又は第三債務者がこれを承諾しなければ、これをもって第三債務者その他の第三者に対抗することができない。

第365条　削除

（抵当権の効力の及ぶ範囲）
第370条　抵当権は、抵当地の上に存する建物を除き、その目的である不動産（以下「抵当不動産」という。）に付加して一体となっている物に及ぶ。ただし、設定行為に別段の定めがある場合及び債務者の行為について第424条第3項に規定する詐害行為取消請求をすることができる場合は、この限りでない。

（根抵当権）
第398条の2　（略）
2　（略）
3　特定の原因に基づいて債務者との間に継続して生ずる債権、手形上若しくは小切手上の請求権又は電子記録債権（電子記録債権法（平成19年法律第102号）第2条第1項に規定する電子記録債権をいう。次条第2項において同じ。）は、前項の規定にかかわらず、根抵当権の担保すべき債権とすることができる。

（根抵当権の被担保債権の範囲）
第398条の3　（略）
2　債務者との取引によらないで取得する手形上若しくは小切手上の請求権又は電子記録債権を根抵当

（設定行為に別段の定めがある場合等）
第359条　前3条の規定は、設定行為に別段の定めがあるとき、又は担保不動産収益執行（民事執行法（昭和54年法律第4号）第180条第2号に規定する担保不動産収益執行をいう。以下同じ。）の開始があったときは、適用しない。

（債権質の設定）
第363条　債権であってこれを譲り渡すにはその証書を交付することを要するものを質権の目的とするときは、質権の設定は、その証書を交付することによって、その効力を生ずる。

（指名債権を目的とする質権の対抗要件）
第364条　指名債権を質権の目的としたときは、第467条の規定に従い、第三債務者に質権の設定を通知し、又は第三債務者がこれを承諾しなければ、これをもって第三債務者その他の第三者に対抗することができない。

（指図債権を目的とする質権の対抗要件）
第365条　指図債権を質権の目的としたときは、その証書に質権の設定の裏書をしなければ、これをもって第三者に対抗することができない。

（抵当権の効力の及ぶ範囲）
第370条　抵当権は、抵当地の上に存する建物を除き、その目的である不動産（以下「抵当不動産」という。）に付加して一体となっている物に及ぶ。ただし、設定行為に別段の定めがある場合及び第424条の規定により債権者が債務者の行為を取り消すことができる場合は、この限りでない。

（根抵当権）
第398条の2　（同左）
2　（同左）
3　特定の原因に基づいて債務者との間に継続して生ずる債権又は手形上若しくは小切手上の請求権は、前項の規定にかかわらず、根抵当権の担保すべき債権とすることができる。

（根抵当権の被担保債権の範囲）
第398条の3　（同左）
2　債務者との取引によらないで取得する手形上又は小切手上の請求権を根抵当権の担保すべき債権とし

の担保すべき債権とした場合において、次に掲げる事由があったときは、その前に取得したものについてのみ、その根抵当権を行使することができる。ただし、その後に取得したものであっても、その事由を知らないで取得したものについては、これを行使することを妨げない。 一～三　（略）	た場合において、次に掲げる事由があったときは、その前に取得したものについてのみ、その根抵当権を行使することができる。ただし、その後に取得したものであっても、その事由を知らないで取得したものについては、これを行使することを妨げない。 一～三　（同左）
（根抵当権の被担保債権の譲渡等） 第398条の7　（略） 2　（略） 3　<u>元本の確定前に免責的債務引受があった場合における債権者は、第472条の4第1項の規定にかかわらず、根抵当権を引受人が負担する債務に移すことができない。</u> 4　<u>元本の確定前に債権者の交替による更改があった場合における更改前の債権者は、第518条第1項の規定にかかわらず、根抵当権を更改後の債務に移すことができない。元本の確定前に債務者の交替による更改があった場合における債権者も、同様とする。</u>	（根抵当権の被担保債権の譲渡等） 第398条の7　（同左） 2　（同左） （新設） 3　元本の確定前に債権者<u>又は債務者</u>の交替による更改があったときは、<u>その当事者</u>は、第518条の規定にかかわらず、根抵当権を更改後の債務に移すことができない。
（特定物の引渡しの場合の注意義務） 第400条　債権の目的が特定物の引渡しであるときは、債務者は、その引渡しをするまで、<u>契約その他の債権の発生原因及び取引上の社会通念に照らして定まる</u>善良な管理者の注意をもって、その物を保存しなければならない。	（特定物の引渡しの場合の注意義務） 第400条　債権の目的が特定物の引渡しであるときは、債務者は、その引渡しをするまで、善良な管理者の注意をもって、その物を保存しなければならない。
（法定利率） 第404条　利息を生ずべき債権について別段の意思表示がないときは、その利率は、<u>その利息が生じた最初の時点における法定利率による。</u> 2　<u>法定利率は、年3パーセントとする。</u> 3　<u>前項の規定にかかわらず、法定利率は、法務省令で定めるところにより、3年を1期とし、1期ごとに、次項の規定により変動するものとする。</u> 4　<u>各期における法定利率は、この項の規定により法定利率に変動があった期のうち直近のもの（以下この項において「直近変動期」という。）における基準割合と当期における基準割合との差に相当する割合（その割合に1パーセント未満の端数があるときは、これを切り捨てる。）を直近変動期における法定利率に加算し、又は減算した割合とする。</u> 5　<u>前項に規定する「基準割合」とは、法務省令で定めるところにより、各期の初日の属する年の6年前の年の1月から前々年の12月までの各月における短期貸付けの平均利率（当該各月において銀行が新たに行った貸付け（貸付期間が1年未満のものに限る。）に係る利率の平均をいう。）の合計を60で除して計算した割合（その割合に0.1パーセント未満の端数があるときは、これを切り捨てる。）として法務大臣が告示するものをいう。</u>	（法定利率） 第404条　利息を生ずべき債権について別段の意思表示がないときは、その利率は、<u>年5分とする。</u> （新設） （新設） （新設） （新設）

改正案	現行
(不能による選択債権の特定) 第410条 債権の目的である給付の中に<u>不能のものが</u>ある場合において、その不能が選択権を有する者の過失によるものであるときは、債権は、その残存するものについて存在する。 (削る)	(不能による選択債権の特定) 第410条 債権の目的である給付の中に、<u>初めから不能であるもの又は後に至って不能となったものがあるときは</u>、債権は、その残存するものについて存在する。 <u>2 選択権を有しない当事者の過失によって給付が不能となったときは、前項の規定は、適用しない。</u>
(履行期と履行遅滞) 第412条 (略) 2 債務の履行について不確定期限があるときは、債務者は、<u>その期限の到来した後に履行の請求を受けた時又はその期限の到来したことを知った時のいずれか早い時</u>から遅滞の責任を負う。 3 (略)	(履行期と履行遅滞) 第412条 (同左) 2 債務の履行について不確定期限があるときは、債務者は、その期限の到来したことを知った時から遅滞の責任を負う。 3 (同左)
<u>(履行不能) 第412条の2 債務の履行が契約その他の債務の発生原因及び取引上の社会通念に照らして不能であるときは、債権者は、その債務の履行を請求することができない。 2 契約に基づく債務の履行がその契約の成立の時に不能であったことは、第415条の規定によりその履行の不能によって生じた損害の賠償を請求することを妨げない。</u>	(新設)
(受領遅滞) 第413条 債権者が債務の履行を受けることを拒み、又は受けることができない場合において、<u>その債務の目的が特定物の引渡しであるときは、債務者は、履行の提供をした時からその引渡しをするまで、自己の財産に対するのと同一の注意をもって、その物を保存すれば足りる。 2 債権者が債務の履行を受けることを拒み、又は受けることができないことによって、その履行の費用が増加したときは、その増加額は、債権者の負担とする。</u>	(受領遅滞) 第413条 債権者が債務の履行を受けることを拒み、又は受けることができないときは、その債権者は、履行の提供があった時から遅滞の責任を負う。
<u>(履行遅滞中又は受領遅滞中の履行不能と帰責事由) 第413条の2 債務者がその債務について遅滞の責任を負っている間に当事者双方の責めに帰することができない事由によってその債務の履行が不能となったときは、その履行の不能は、債務者の責めに帰すべき事由によるものとみなす。 2 債権者が債務の履行を受けることを拒み、又は受けることができない場合において、履行の提供があった時以後に当事者双方の責めに帰することができない事由によってその債務の履行が不能となったときは、その履行の不能は、債権者の責めに帰すべき事由によるものとみなす。</u>	(新設)
(履行の強制) 第414条 債務者が任意に債務の履行をしないとき	(履行の強制) 第414条 債務者が任意に債務の履行をしないとき

は、債権者は、民事執行法その他強制執行の手続に関する法令の規定に従い、直接強制、代替執行、間接強制その他の方法による履行の強制を裁判所に請求することができる。ただし、債務の性質がこれを許さないときは、この限りでない。 (削る) (削る) 2　前項の規定は、損害賠償の請求を妨げない。 （債務不履行による損害賠償） 第415条　債務者がその債務の本旨に従った履行をしないとき又は債務の履行が不能であるときは、債権者は、これによって生じた損害の賠償を請求することができる。ただし、その債務の不履行が契約その他の債務の発生原因及び取引上の社会通念に照らして債務者の責めに帰することができない事由によるものであるときは、この限りでない。 2　前項の規定により損害賠償の請求をすることができる場合において、債権者は、次に掲げるときは、債務の履行に代わる損害賠償の請求をすることができる。 一　債務の履行が不能であるとき。 二　債務者がその債務の履行を拒絶する意思を明確に表示したとき。 三　債務が契約によって生じたものである場合において、その契約が解除され、又は債務の不履行による契約の解除権が発生したとき。 （損害賠償の範囲） 第416条　（略） 2　特別の事情によって生じた損害であっても、当事者がその事情を予見すべきであったときは、債権者は、その賠償を請求することができる。 （中間利息の控除） 第417条の2　将来において取得すべき利益についての損害賠償の額を定める場合において、その利益を取得すべき時までの利息相当額を控除するときは、その損害賠償の請求権が生じた時点における法定利率により、これをする。 2　将来において負担すべき費用についての損害賠償の額を定める場合において、その費用を負担すべき時までの利息相当額を控除するときも、前項と同様とする。	は、債権者は、その強制履行を裁判所に請求することができる。ただし、債務の性質がこれを許さないときは、この限りでない。 2　債務の性質が強制履行を許さない場合において、その債務が作為を目的とするときは、債権者は、債務者の費用で第三者にこれをさせることを裁判所に請求することができる。ただし、法律行為を目的とする債務については、裁判をもって債務者の意思表示に代えることができる。 3　不作為を目的とする債務については、債務者の費用で、債務者がした行為の結果を除去し、又は将来のため適当な処分をすることを裁判所に請求することができる。 4　前3項の規定は、損害賠償の請求を妨げない。 （債務不履行による損害賠償） 第415条　債務者がその債務の本旨に従った履行をしないときは、債権者は、これによって生じた損害の賠償を請求することができる。債務者の責めに帰すべき事由によって履行をすることができなくなったときも、同様とする。 （損害賠償の範囲） 第416条　（同左） 2　特別の事情によって生じた損害であっても、当事者がその事情を予見し、又は予見することができたときは、債権者は、その賠償を請求することができる。 （新設）

新	旧
（過失相殺） 第418条　債務の不履行又はこれによる損害の発生若しくは拡大に関して債権者に過失があったときは、裁判所は、これを考慮して、損害賠償の責任及びその額を定める。 （金銭債務の特則） 第419条　金銭の給付を目的とする債務の不履行については、その損害賠償の額は、債務者が遅滞の責任を負った最初の時点における法定利率によって定める。ただし、約定利率が法定利率を超えるときは、約定利率による。 2・3　（略） （賠償額の予定） 第420条　当事者は、債務の不履行について損害賠償の額を予定することができる。 2・3　（略） （代償請求権） 第422条の2　債務者が、その債務の履行が不能となったのと同一の原因により債務の目的物の代償である権利又は利益を取得したときは、債権者は、その受けた損害の額の限度において、債務者に対し、その権利の移転又はその利益の償還を請求することができる。 　　　　第二款　債権者代位権 （債権者代位権の要件） 第423条　債権者は、自己の債権を保全するため必要があるときは、債務者に属する権利（以下「被代位権利」という。）を行使することができる。ただし、債務者の一身に専属する権利及び差押えを禁じられた権利は、この限りでない。 2　債権者は、その債権の期限が到来しない間は、被代位権利を行使することができない。ただし、保存行為は、この限りでない。 3　債権者は、その債権が強制執行により実現することのできないものであるときは、被代位権利を行使することができない。 （代位行使の範囲） 第423条の2　債権者は、被代位権利を行使する場合において、被代位権利の目的が可分であるときは、自己の債権の額の限度においてのみ、被代位権利を行使することができる。 （債務者への支払又は引渡し） 第423条の3　債権者は、被代位権利を行使する場合において、被代位権利が金銭の支払又は動産の引渡	（過失相殺） 第418条　債務の不履行に関して債権者に過失があったときは、裁判所は、これを考慮して、損害賠償の責任及びその額を定める。 （金銭債務の特則） 第419条　金銭の給付を目的とする債務の不履行については、その損害賠償の額は、法定利率によって定める。ただし、約定利率が法定利率を超えるときは、約定利率による。 2・3　（同左） （賠償額の予定） 第420条　当事者は、債務の不履行について損害賠償の額を予定することができる。この場合において、裁判所は、その額を増減することができない。 2・3　（同左） （新設） 　　　　第二款　債権者代位権及び詐害行為取消権 （債権者代位権） 第423条　債権者は、自己の債権を保全するため、債務者に属する権利を行使することができる。ただし、債務者の一身に専属する権利は、この限りでない。 2　債権者は、その債権の期限が到来しない間は、裁判上の代位によらなければ、前項の権利を行使することができない。ただし、保存行為は、この限りでない。 （新設） （新設） （新設）

しを目的とするものであるときは、相手方に対し、その支払又は引渡しを自己に対してすることを求めることができる。この場合において、相手方が債権者に対してその支払又は引渡しをしたときは、被代位権利は、これによって消滅する。

(相手方の抗弁)
第423条の4　債務者が被代位権利を行使したときは、相手方は、債務者に対して主張することができる抗弁をもって、債権者に対抗することができる。　　　　　　　　　　　　　(新設)

(債務者の取立てその他の処分の権限等)
第423条の5　債権者が被代位権利を行使した場合であっても、債務者は、被代位権利について、自ら取立てその他の処分をすることを妨げられない。この場合においては、相手方も、被代位権利について、債務者に対して履行をすることを妨げられない。　　　　　　　　　　　　　　　(新設)

(被代位権利の行使に係る訴えを提起した場合の訴訟告知)
第423条の6　債権者は、被代位権利の行使に係る訴えを提起したときは、遅滞なく、債務者に対し、訴訟告知をしなければならない。　(新設)

(登記又は登録の請求権を保全するための債権者代位権)
第423条の7　登記又は登録をしなければ権利の得喪及び変更を第三者に対抗することができない財産を譲り受けた者は、その譲渡人が第三者に対して有する登記手続又は登録手続をすべきことを請求する権利を行使しないときは、その権利を行使することができる。この場合においては、前3条の規定を準用する。　(新設)

　　　　　第三款　詐害行為取消権　　　　　　(新設)
　　　　　第一目　詐害行為取消権の要件　　　(新設)

(詐害行為取消請求)　　　　　　　　　　　　(詐害行為取消権)
第424条　債権者は、債務者が債権者を害することを知ってした行為の取消しを裁判所に請求することができる。ただし、その行為によって利益を受けた者(以下この款において「受益者」という。)がその行為の時において債権者を害することを知らなかったときは、この限りでない。
2　前項の規定は、財産権を目的としない行為については、適用しない。
3　債権者は、その債権が第1項に規定する行為の前の原因に基づいて生じたものである場合に限り、同項の規定による請求(以下「詐害行為取消請求」という。)をすることができる。　(新設)
4　債権者は、その債権が強制執行により実現することのできないものであるときは、詐害行為取消請求をすることができない。　(新設)

第424条　債権者は、債務者が債権者を害することを知ってした法律行為の取消しを裁判所に請求することができる。ただし、その行為によって利益を受けた者又は転得者がその行為又は転得の時において債権者を害すべき事実を知らなかったときは、この限りでない。
2　前項の規定は、財産権を目的としない法律行為については、適用しない。

(相当の対価を得てした財産の処分行為の特則)
第424条の2　債務者が、その有する財産を処分する行為をした場合において、受益者から相当の対価を取得しているときは、債権者は、次に掲げる要件のいずれにも該当する場合に限り、その行為について、詐害行為取消請求をすることができる。
一　その行為が、不動産の金銭への換価その他の当該処分による財産の種類の変更により、債務者において隠匿、無償の供与その他の債権者を害することとなる処分(以下この条において「隠匿等の処分」という。)をするおそれを現に生じさせるものであること。
二　債務者が、その行為の当時、対価として取得した金銭その他の財産について、隠匿等の処分をする意思を有していたこと。
三　受益者が、その行為の当時、債務者が隠匿等の処分をする意思を有していたことを知っていたこと。

(特定の債権者に対する担保の供与等の特則)
第424条の3　債務者がした既存の債務についての担保の供与又は債務の消滅に関する行為について、債権者は、次に掲げる要件のいずれにも該当する場合に限り、詐害行為取消請求をすることができる。
一　その行為が、債務者が支払不能(債務者が、支払能力を欠くために、その債務のうち弁済期にあるものにつき、一般的かつ継続的に弁済することができない状態をいう。次項第1号において同じ。)の時に行われたものであること。
二　その行為が、債務者と受益者とが通謀して他の債権者を害する意図をもって行われたものであること。
2　前項に規定する行為が、債務者の義務に属せず、又はその時期が債務者の義務に属しないものである場合において、次に掲げる要件のいずれにも該当するときは、債権者は、同項の規定にかかわらず、その行為について、詐害行為取消請求をすることができる。
一　その行為が、債務者が支払不能になる前30日以内に行われたものであること。
二　その行為が、債務者と受益者とが通謀して他の債権者を害する意図をもって行われたものであること。

(過大な代物弁済等の特則)
第424条の4　債務者がした債務の消滅に関する行為であって、受益者の受けた給付の価額がその行為によって消滅した債務の額より過大であるものについて、第424条に規定する要件に該当するときは、債権者は、前条第1項の規定にかかわらず、その消滅した債務の額に相当する部分以外の部分については、詐害行為取消請求をすることができる。

(新設)

(新設)

(新設)

(転得者に対する詐害行為取消請求)
第424条の5　債権者は、受益者に対して詐害行為取消請求をすることができる場合において、受益者に移転した財産を転得した者があるときは、次の各号に掲げる区分に応じ、それぞれ当該各号に定める場合に限り、その転得者に対しても、詐害行為取消請求をすることができる。
一　その転得者が受益者から転得した者である場合　その転得者が、転得の当時、債務者がした行為が債権者を害することを知っていたとき。
二　その転得者が他の転得者から転得した者である場合　その転得者及びその前に転得した全ての転得者が、それぞれの転得の当時、債務者がした行為が債権者を害することを知っていたとき。

(新設)

　　　　第二目　詐害行為取消権の行使の方法等　　　　(新設)

(財産の返還又は価額の償還の請求)
第424条の6　債権者は、受益者に対する詐害行為取消請求において、債務者がした行為の取消しとともに、その行為によって受益者に移転した財産の返還を請求することができる。受益者がその財産の返還をすることが困難であるときは、債権者は、その価額の償還を請求することができる。
2　債権者は、転得者に対する詐害行為取消請求において、債務者がした行為の取消しとともに、転得者が転得した財産の返還を請求することができる。転得者がその財産の返還をすることが困難であるときは、債権者は、その価額の償還を請求することができる。

(新設)

(被告及び訴訟告知)
第424条の7　詐害行為取消請求に係る訴えについては、次の各号に掲げる区分に応じ、それぞれ当該各号に定める者を被告とする。
一　受益者に対する詐害行為取消請求に係る訴え　受益者
二　転得者に対する詐害行為取消請求に係る訴え　その詐害行為取消請求の相手方である転得者
2　債権者は、詐害行為取消請求に係る訴えを提起したときは、遅滞なく、債務者に対し、訴訟告知をしなければならない。

(新設)

(詐害行為の取消しの範囲)
第424条の8　債権者は、詐害行為取消請求をする場合において、債務者がした行為の目的が可分であるときは、自己の債権の額の限度においてのみ、その行為の取消しを請求することができる。
2　債権者が第424条の6第1項後段又は第2項後段の規定により価額の償還を請求する場合についても、前項と同様とする。

(新設)

(債権者への支払又は引渡し) 第424条の9　債権者は、第424条の6第1項前段又は第2項前段の規定により受益者又は転得者に対して財産の返還を請求する場合において、その返還の請求が金銭の支払又は動産の引渡しを求めるものであるときは、受益者に対してその支払又は引渡しを、転得者に対してその引渡しを、自己に対してすることを求めることができる。この場合において、受益者又は転得者は、債権者に対してその支払又は引渡しをしたときは、債務者に対してその支払又は引渡しをすることを要しない。 2　債権者が第424条の6第1項後段又は第2項後段の規定により受益者又は転得者に対して価額の償還を請求する場合についても、前項と同様とする。	(新設)
第三目　詐害行為取消権の行使の効果	(新設)
(認容判決の効力が及ぶ者の範囲) 第425条　詐害行為取消請求を認容する確定判決は、債務者及びその全ての債権者に対してもその効力を有する。	(詐害行為の取消しの効果) 第425条　前条の規定による取消しは、すべての債権者の利益のためにその効力を生ずる。
(債務者の受けた反対給付に関する受益者の権利) 第425条の2　債務者がした財産の処分に関する行為(債務の消滅に関する行為を除く。)が取り消されたときは、受益者は、債務者に対し、その財産を取得するためにした反対給付の返還を請求することができる。債務者がその反対給付の返還をすることが困難であるときは、受益者は、その価額の償還を請求することができる。	(新設)
(受益者の債権の回復) 第425条の3　債務者がした債務の消滅に関する行為が取り消された場合(第424条の4の規定により取り消された場合を除く。)において、受益者が債務者から受けた給付を返還し、又はその価額を償還したときは、受益者の債務者に対する債権は、これによって原状に復する。	(新設)
(詐害行為取消請求を受けた転得者の権利) 第425条の4　債務者がした行為が転得者に対する詐害行為取消請求によって取り消されたときは、その転得者は、次の各号に掲げる区分に応じ、それぞれ当該各号に定める権利を行使することができる。ただし、その転得者がその前者から財産を取得するためにした反対給付又はその前者から財産を取得することによって消滅した債権の価額を限度とする。 一　第425条の2に規定する行為が取り消された場合　その行為が受益者に対する詐害行為取消請求によって取り消されたとすれば同条の規定により生ずべき受益者の債務者に対する反対給付の返還請求権又はその価額の償還請求権 二　前条に規定する行為が取り消された場合(第424	(新設)

条の4の規定により取り消された場合を除く。)
その行為が受益者に対する詐害行為取消請求によって取り消されたとすれば前条の規定により回復すべき受益者の債務者に対する債権

第四目　詐害行為取消権の期間の制限　　　　　　　　　　　　　　（新設）

　　　　　　　　　　　　　　　　　　　　　　　　　　　　　　　　（詐害行為取消権の期間の制限）
第426条　詐害行為取消請求に係る訴えは、債務者が債権者を害することを知って行為をしたことを債権者が知った時から２年を経過したときは、提起することができない。行為の時から10年を経過したときも、同様とする。

第426条　第424条の規定による取消しは、債権者が取消しの原因を知った時から２年間行使しないときは、時効によって消滅する。行為の時から20年を経過したときも、同様とする。

（不可分債権）　　　　　　　　　　　　　　　　　　　　　　　　（不可分債権）
第428条　次款（連帯債権）の規定（第433条及び第435条の規定を除く。)は、債権の目的がその性質上不可分である場合において、数人の債権者があるときについて準用する。

第428条　債権の目的がその性質上又は当事者の意思表示によって不可分である場合において、数人の債権者があるときは、各債権者はすべての債権者のために履行を請求し、債務者はすべての債権者のために各債権者に対して履行をすることができる。

（不可分債権者の１人との間の更改又は免除）　　　　　　　　　　（不可分債権者の１人について生じた事由等の効力）
第429条　不可分債権者の１人と債務者との間に更改又は免除があった場合においても、他の不可分債権者は、債務の全部の履行を請求することができる。この場合においては、その１人の不可分債権者がその権利を失わなければ分与されるべき利益を債務者に償還しなければならない。
（削る）

第429条　不可分債権者の１人と債務者との間に更改又は免除があった場合においても、他の不可分債権者は、債務の全部の履行を請求することができる。この場合においては、その１人の不可分債権者がその権利を失わなければ分与される利益を債務者に償還しなければならない。
２　前項に規定する場合のほか、不可分債権者の１人の行為又は１人について生じた事由は、他の不可分債権者に対してその効力を生じない。

（不可分債務）　　　　　　　　　　　　　　　　　　　　　　　　（不可分債務）
第430条　第四款（連帯債務）の規定（第440条の規定を除く。)は、債務の目的がその性質上不可分である場合において、数人の債務者があるときについて準用する。

第430条　前条の規定及び次款（連帯債務）の規定（第434条から第440条までの規定を除く。)は、数人が不可分債務を負担する場合について準用する。

　　　　第三款　連帯債権　　　　　　　　　　　　　　　　　　　（新設）

（連帯債権者による履行の請求等）
第432条　債権の目的がその性質上可分である場合において、法令の規定又は当事者の意思表示によって数人が連帯して債権を有するときは、各債権者は、全ての債権者のために全部又は一部の履行を請求することができ、債務者は、全ての債権者のために各債権者に対して履行をすることができる。

（新設）

（連帯債権者の１人との間の更改又は免除）
第433条　連帯債権者の１人と債務者との間に更改又は免除があったときは、その連帯債権者がその権利を失わなければ分与されるべき利益に係る部分については、他の連帯債権者は、履行を請求することが

（新設）

(連帯債権者の１人との間の相殺)
第434条　債務者が連帯債権者の１人に対して債権を有する場合において、その債務者が相殺を援用したときは、その相殺は、他の連帯債権者に対しても、その効力を生ずる。

(新設)

(連帯債権者の１人との間の混同)
第435条　連帯債権者の１人と債務者との間に混同があったときは、債務者は、弁済をしたものとみなす。

(新設)

(相対的効力の原則)
第435条の２　第432条から前条までに規定する場合を除き、連帯債権者の１人の行為又は１人について生じた事由は、他の連帯債権者に対してその効力を生じない。ただし、他の連帯債権者の１人及び債務者が別段の意思を表示したときは、当該他の連帯債権者に対する効力は、その意思に従う。

(新設)

　　　　第四款　連帯債務

　　　　第三款　連帯債務

(連帯債務者に対する履行の請求)
第436条　債務の目的がその性質上可分である場合において、法令の規定又は当事者の意思表示によって数人が連帯して債務を負担するときは、債権者は、その連帯債務者の１人に対し、又は同時に若しくは順次に全ての連帯債務者に対し、全部又は一部の履行を請求することができる。

(履行の請求)
第432条　数人が連帯債務を負担するときは、債権者は、その連帯債務者の１人に対し、又は同時に若しくは順次にすべての連帯債務者に対し、全部又は一部の履行を請求することができる。

(連帯債務者の１人についての法律行為の無効等)
第437条　(略)

(連帯債務者の１人についての法律行為の無効等)
第433条　(同左)

(削る)

(連帯債務者の１人に対する履行の請求)
第434条　連帯債務者の１人に対する履行の請求は、他の連帯債務者に対しても、その効力を生ずる。

(連帯債務者の１人との間の更改)
第438条　連帯債務者の１人と債権者との間に更改があったときは、債権は、全ての連帯債務者の利益のために消滅する。

(連帯債務者の１人との間の更改)
第435条　連帯債務者の１人と債権者との間に更改があったときは、債権は、すべての連帯債務者の利益のために消滅する。

(連帯債務者の１人による相殺等)
第439条　連帯債務者の１人が債権者に対して債権を有する場合において、その連帯債務者が相殺を援用したときは、債権は、全ての連帯債務者の利益のために消滅する。
２　前項の債権を有する連帯債務者が相殺を援用しない間は、その連帯債務者の負担部分の限度において、他の連帯債務者は、債権者に対して債務の履行を拒むことができる。

(連帯債務者の１人による相殺等)
第436条　連帯債務者の１人が債権者に対して債権を有する場合において、その連帯債務者が相殺を援用したときは、債権は、すべての連帯債務者の利益のために消滅する。
２　前項の債権を有する連帯債務者が相殺を援用しない間は、その連帯債務者の負担部分についてのみ他の連帯債務者が相殺を援用することができる。

(削る)	(連帯債務者の１人に対する免除) 第437条　連帯債務者の１人に対してした債務の免除は、その連帯債務者の負担部分についてのみ、他の連帯債務者の利益のためにも、その効力を生ずる。
(連帯債務者の１人との間の混同) 第440条　（略）	(連帯債務者の１人との間の混同) 第438条　（同左）
(削る)	(連帯債務者の１人についての時効の完成) 第439条　連帯債務者の１人のために時効が完成したときは、その連帯債務者の負担部分については、他の連帯債務者も、その義務を免れる。
(相対的効力の原則) 第441条　第438条、第439条第１項及び前条に規定する場合を除き、連帯債務者の１人について生じた事由は、他の連帯債務者に対してその効力を生じない。ただし、債権者及び他の連帯債務者の１人が別段の意思を表示したときは、当該他の連帯債務者に対する効力は、その意思に従う。	(相対的効力の原則) 第440条　第434条から前条までに規定する場合を除き、連帯債務者の１人について生じた事由は、他の連帯債務者に対してその効力を生じない。
(削る)	(連帯債務者についての破産手続の開始) 第441条　連帯債務者の全員又はそのうちの数人が破産手続開始の決定を受けたときは、債権者は、その債権の全額について各破産財団の配当に加入することができる。
(連帯債務者間の求償権) 第442条　連帯債務者の１人が弁済をし、その他自己の財産をもって共同の免責を得たときは、その連帯債務者は、その免責を得た額が自己の負担部分を超えるかどうかにかかわらず、他の連帯債務者に対し、その免責を得るために支出した財産の額（その財産の額が共同の免責を得た額を超える場合にあっては、その免責を得た額）のうち各自の負担部分に応じた額の求償権を有する。 ２　（略）	(連帯債務者間の求償権) 第442条　連帯債務者の１人が弁済をし、その他自己の財産をもって共同の免責を得たときは、その連帯債務者は、他の連帯債務者に対し、各自の負担部分について求償権を有する。 ２　（同左）
(通知を怠った連帯債務者の求償の制限) 第443条　他の連帯債務者があることを知りながら、連帯債務者の１人が共同の免責を得ることを他の連帯債務者に通知しないで弁済をし、その他自己の財産をもって共同の免責を得た場合において、他の連帯債務者は、債権者に対抗することができる事由を有していたときは、その負担部分について、その事由をもってその免責を得た連帯債務者に対抗することができる。この場合において、相殺をもってその免責を得た連帯債務者に対抗したときは、その連帯債務者は、債権者に対し、相殺によって消滅すべきであった債務の履行を請求することができる。 ２　弁済をし、その他自己の財産をもって共同の免責を得た連帯債務者が、他の連帯債務者があることを知りながらその免責を得たことを他の連帯債務者に	(通知を怠った連帯債務者の求償の制限) 第443条　連帯債務者の１人が債権者から履行の請求を受けたことを他の連帯債務者に通知しないで弁済をし、その他自己の財産をもって共同の免責を得た場合において、他の連帯債務者は、債権者に対抗することができる事由を有していたときは、その負担部分について、その事由をもってその免責を得た連帯債務者に対抗することができる。この場合において、相殺をもってその免責を得た連帯債務者に対抗したときは、過失のある連帯債務者は、債権者に対し、相殺によって消滅すべきであった債務の履行を請求することができる。 ２　連帯債務者の１人が弁済をし、その他自己の財産をもって共同の免責を得たことを他の連帯債務者に通知することを怠ったため、他の連帯債務者が善意

通知することを怠ったため、他の連帯債務者が善意で弁済その他自己の財産をもって免責を得るための行為をしたときは、<u>当該他の連帯債務者は、その免責を得るための行為を有効であったものとみなすことができる。</u>	で弁済をし、その他有償の行為をもって免責を得たときは、その免責を得た連帯債務者は、<u>自己の弁済その他免責のためにした行為を有効であったものとみなすことができる。</u>
(償還をする資力のない者の負担部分の分担) 第444条　連帯債務者の中に償還をする資力のない者があるときは、その償還をすることができない部分は、求償者及び他の資力のある者の間で、各自の負担部分に応じて分割して負担する。	(償還をする資力のない者の負担部分の分担) 第444条　連帯債務者の中に償還をする資力のない者があるときは、その償還をすることができない部分は、求償者及び他の資力のある者の間で、各自の負担部分に応じて分割して負担する。<u>ただし、求償者に過失があるときは、他の連帯債務者に対して分担を請求することができない。</u>
<u>2　前項に規定する場合において、求償者及び他の資力のある者がいずれも負担部分を有しない者であるときは、その償還をすることができない部分は、求償者及び他の資力のある者の間で、等しい割合で分割して負担する。</u>	(新設)
<u>3　前2項の規定にかかわらず、償還を受けることができないことについて求償者に過失があるときは、他の連帯債務者に対して分担を請求することができない。</u>	(新設)
<u>(連帯債務者の1人との間の免除等と求償権)</u> <u>第445条　連帯債務者の1人に対して債務の免除がされ、又は連帯債務者の1人のために時効が完成した場合においても、他の連帯債務者は、その1人の連帯債務者に対し、第442条第1項の求償権を行使することができる。</u>	<u>(連帯の免除と弁済をする資力のない者の負担部分の分担)</u> 第445条　連帯債務者の1人が連帯の免除を得た場合において、他の連帯債務者の中に弁済をする資力のない者があるときは、債権者は、その資力のない者が弁済をすることができない部分のうち連帯の免除を得た者が負担すべき部分を負担する。
第五款　保証債務	第四款　保証債務
(保証人の責任等) 第446条　(略) 2　(略) 3　保証契約がその内容を記録した電磁的記録によってされたときは、その保証契約は、書面によってされたものとみなして、前項の規定を適用する。	(保証人の責任等) 第446条　(同左) 2　(同左) 3　保証契約がその内容を記録した電磁的記録(電子的方式、磁気的方式その他人の知覚によっては認識することができない方式で作られる記録であって、電子計算機による情報処理の用に供されるものをいう。)によってされたときは、その保証契約は、書面によってされたものとみなして、前項の規定を適用する。
<u>(保証人の負担と主たる債務の目的又は態様)</u> 第448条　(略) <u>2　主たる債務の目的又は態様が保証契約の締結後に加重されたときであっても、保証人の負担は加重されない。</u>	(保証人の負担が主たる債務より重い場合) 第448条　(同左) (新設)
(主たる債務者について生じた事由の効力) 第457条　主たる債務者に対する履行の請求その他の事由による時効の<u>完成猶予及び更新</u>は、保証人に対	(主たる債務者について生じた事由の効力) 第457条　主たる債務者に対する履行の請求その他の事由による時効の<u>中断</u>は、保証人に対しても、その

しても、その効力を生ずる。 2　保証人は、主たる債務者が主張することができる抗弁をもって債権者に対抗することができる。 3　主たる債務者が債権者に対して相殺権、取消権又は解除権を有するときは、これらの権利の行使によって主たる債務者がその債務を免れるべき限度において、保証人は、債権者に対して債務の履行を拒むことができる。	効力を生ずる。 2　保証人は、主たる債務者の債権による相殺をもって債権者に対抗することができる。 （新設）
（連帯保証人について生じた事由の効力） 第458条　第438条、第439条第1項、第440条及び第441条の規定は、主たる債務者と連帯して債務を負担する保証人について生じた事由について準用する。	（連帯保証人について生じた事由の効力） 第458条　第434条から第440条までの規定は、主たる債務者が保証人と連帯して債務を負担する場合について準用する。
（主たる債務の履行状況に関する情報の提供義務） 第458条の2　保証人が主たる債務者の委託を受けて保証をした場合において、保証人の請求があったときは、債権者は、保証人に対し、遅滞なく、主たる債務の元本及び主たる債務に関する利息、違約金、損害賠償その他その債務に従たる全てのものについての不履行の有無並びにこれらの残額及びそのうち弁済期が到来しているものの額に関する情報を提供しなければならない。	（新設）
（主たる債務者が期限の利益を喪失した場合における情報の提供義務） 第458条の3　主たる債務者が期限の利益を有する場合において、その利益を喪失したときは、債権者は、保証人に対し、その利益の喪失を知った時から2箇月以内に、その旨を通知しなければならない。 2　前項の期間内に同項の通知をしなかったときは、債権者は、保証人に対し、主たる債務者が期限の利益を喪失した時から同項の通知を現にするまでに生じた遅延損害金（期限の利益を喪失しなかったとしても生ずべきものを除く。）に係る保証債務の履行を請求することができない。 3　前2項の規定は、保証人が法人である場合には、適用しない。	（新設）
（委託を受けた保証人の求償権） 第459条　保証人が主たる債務者の委託を受けて保証をした場合において、主たる債務者に代わって弁済その他自己の財産をもって債務を消滅させる行為（以下「債務の消滅行為」という。）をしたときは、その保証人は、主たる債務者に対し、そのために支出した財産の額（その財産の額がその債務の消滅行為によって消滅した主たる債務の額を超える場合にあっては、その消滅した額）の求償権を有する。 2　（略）	（委託を受けた保証人の求償権） 第459条　保証人が主たる債務者の委託を受けて保証をした場合において、過失なく債権者に弁済をすべき旨の裁判の言渡しを受け、又は主たる債務者に代わって弁済をし、その他自己の財産をもって債務を消滅させるべき行為をしたときは、その保証人は、主たる債務者に対して求償権を有する。 2　（同左）

(委託を受けた保証人が弁済期前に弁済等をした場合の求償権)
第459条の2　保証人が主たる債務者の委託を受けて保証をした場合において、主たる債務の弁済期前に債務の消滅行為をしたときは、その保証人は、主たる債務者に対し、主たる債務者がその当時利益を受けた限度において求償権を有する。この場合において、主たる債務者が債務の消滅行為の日以前に相殺の原因を有していたことを主張するときは、保証人は、債権者に対し、その相殺によって消滅すべきであった債務の履行を請求することができる。
2　前項の規定による求償は、主たる債務の弁済期以後の法定利息及びその弁済期以後に債務の消滅行為をしたとしても避けることができなかった費用その他の損害の賠償を包含する。
3　第1項の求償権は、主たる債務の弁済期以後でなければ、これを行使することができない。

(新設)

(委託を受けた保証人の事前の求償権)
第460条　(略)
　一・二　(略)
　三　保証人が過失なく債権者に弁済をすべき旨の裁判の言渡しを受けたとき。

(委託を受けた保証人の事前の求償権)
第460条　(同左)
　一・二　(同左)
　三　債務の弁済期が不確定で、かつ、その最長期をも確定することができない場合において、保証契約の後10年を経過したとき。

(主たる債務者が保証人に対して償還をする場合)
第461条　前条の規定により主たる債務者が保証人に対して償還をする場合において、債権者が全部の弁済を受けない間は、主たる債務者は、保証人に担保を供させ、又は保証人に対して自己に免責を得させることを請求することができる。
2　(略)

(主たる債務者が保証人に対して償還をする場合)
第461条　前2条の規定により主たる債務者が保証人に対して償還をする場合において、債権者が全部の弁済を受けない間は、主たる債務者は、保証人に担保を供させ、又は保証人に対して自己に免責を得させることを請求することができる。
2　(同左)

(委託を受けない保証人の求償権)
第462条　第459条の2第1項の規定は、主たる債務者の委託を受けないで保証をした者が債務の消滅行為をした場合について準用する。

2　(略)
3　第459条の2第3項の規定は、前2項に規定する保証人が主たる債務の弁済期前に債務の消滅行為をした場合における求償権の行使について準用する。

(委託を受けない保証人の求償権)
第462条　主たる債務者の委託を受けないで保証をした者が弁済をし、その他自己の財産をもって主たる債務者にその債務を免れさせたときは、主たる債務者は、その当時利益を受けた限度において償還をしなければならない。
2　(同左)
(新設)

(通知を怠った保証人の求償の制限等)
第463条　保証人が主たる債務者の委託を受けて保証をした場合において、主たる債務者にあらかじめ通知しないで債務の消滅行為をしたときは、主たる債務者は、債権者に対抗することができた事由をもってその保証人に対抗することができる。この場合において、相殺をもってその保証人に対抗したときは、その保証人は、債権者に対し、相殺によって消滅すべきであった債務の履行を請求することができ

(通知を怠った保証人の求償の制限)
第463条　第443条の規定は、保証人について準用する。
2　保証人が主たる債務者の委託を受けて保証をした場合において、善意で弁済をし、その他自己の財産をもって債務を消滅させるべき行為をしたときは、第443条の規定は、主たる債務者についても準用する。

る。
2 　保証人が主たる債務者の委託を受けて保証をした場合において、主たる債務者が債務の消滅行為をしたことを保証人に通知することを怠ったため、その保証人が善意で債務の消滅行為をしたときは、その保証人は、その債務の消滅行為を有効であったものとみなすことができる。
3 　保証人が債務の消滅行為をした後に主たる債務者が債務の消滅行為をした場合においては、保証人が主たる債務者の意思に反して保証をしたときのほか、保証人が債務の消滅行為をしたことを主たる債務者に通知することを怠ったため、主たる債務者が善意で債務の消滅行為をしたときも、主たる債務者は、その債務の消滅行為を有効であったものとみなすことができる。

第二目　個人根保証契約	第二目　貸金等根保証契約
(個人根保証契約の保証人の責任等)	(貸金等根保証契約の保証人の責任等)
第465条の2　一定の範囲に属する不特定の債務を主たる債務とする保証契約(以下「根保証契約」という。)であって保証人が法人でないもの(以下「個人根保証契約」という。)の保証人は、主たる債務の元本、主たる債務に関する利息、違約金、損害賠償その他その債務に従たる全てのもの及びその保証債務について約定された違約金又は損害賠償の額について、その全部に係る極度額を限度として、その履行をする責任を負う。	第465条の2　一定の範囲に属する不特定の債務を主たる債務とする保証契約(以下「根保証契約」という。)であってその債務の範囲に金銭の貸渡し又は手形の割引を受けることによって負担する債務(以下「貸金等債務」という。)が含まれるもの(保証人が法人であるものを除く。以下「貸金等根保証契約」という。)の保証人は、主たる債務の元本、主たる債務に関する利息、違約金、損害賠償その他その債務に従たるすべてのもの及びその保証債務について約定された違約金又は損害賠償の額について、その全部に係る極度額を限度として、その履行をする責任を負う。
2　個人根保証契約は、前項に規定する極度額を定めなければ、その効力を生じない。	2　貸金等根保証契約は、前項に規定する極度額を定めなければ、その効力を生じない。
3　第446条第2項及び第3項の規定は、個人根保証契約における第1項に規定する極度額の定めについて準用する。	3　第446条第2項及び第3項の規定は、貸金等根保証契約における第1項に規定する極度額の定めについて準用する。
(個人貸金等根保証契約の元本確定期日)	(貸金等根保証契約の元本確定期日)
第465条の3　個人根保証契約であってその主たる債務の範囲に金銭の貸渡し又は手形の割引を受けることによって負担する債務(以下「貸金等債務」という。)が含まれるもの(以下「個人貸金等根保証契約」という。)において主たる債務の元本の確定すべき期日(以下「元本確定期日」という。)の定めがある場合において、その元本確定期日がその個人貸金等根保証契約の締結の日から5年を経過する日より後の日と定められているときは、その元本確定期日の定めは、その効力を生じない。	第465条の3　貸金等根保証契約において主たる債務の元本の確定すべき期日(以下「元本確定期日」という。)の定めがある場合において、その元本確定期日がその貸金等根保証契約の締結の日から5年を経過する日より後の日と定められているときは、その元本確定期日の定めは、その効力を生じない。
2　個人貸金等根保証契約において元本確定期日の定めがない場合(前項の規定により元本確定期日の定めがその効力を生じない場合を含む。)には、その元本確定期日は、その個人貸金等根保証契約の締結の日から3年を経過する日とする。	2　貸金等根保証契約において元本確定期日の定めがない場合(前項の規定により元本確定期日の定めがその効力を生じない場合を含む。)には、その元本確定期日は、その貸金等根保証契約の締結の日から3年を経過する日とする。

新	旧

3　個人貸金等根保証契約における元本確定期日の変更をする場合において、変更後の元本確定期日がその変更をした日から5年を経過する日より後の日となるときは、その元本確定期日の変更は、その効力を生じない。ただし、元本確定期日の前2箇月以内に元本確定期日の変更をする場合において、変更後の元本確定期日が変更前の元本確定期日から5年以内の日となるときは、この限りでない。

4　第446条第2項及び第3項の規定は、個人貸金等根保証契約における元本確定期日の定め及びその変更(その個人貸金等根保証契約の締結の日から3年以内の日を元本確定期日とする旨の定め及び元本確定期日より前の日を変更後の元本確定期日とする変更を除く。)について準用する。

(個人根保証契約の元本の確定事由)
第465条の4　次に掲げる場合には、個人根保証契約における主たる債務の元本は、確定する。ただし、第1号に掲げる場合にあっては、強制執行又は担保権の実行の手続の開始があったときに限る。
一　債権者が、保証人の財産について、金銭の支払を目的とする債権についての強制執行又は担保権の実行を申し立てたとき。

二　保証人が破産手続開始の決定を受けたとき。

三　(略)
2　前項に規定する場合のほか、個人貸金等根保証契約における主たる債務の元本は、次に掲げる場合にも確定する。ただし、第1号に掲げる場合にあっては、強制執行又は担保権の実行の手続の開始があったときに限る。
一　債権者が、主たる債務者の財産について、金銭の支払を目的とする債権についての強制執行又は担保権の実行を申し立てたとき。
二　主たる債務者が破産手続開始の決定を受けたとき。

(保証人が法人である根保証契約の求償権)

第465条の5　保証人が法人である根保証契約において、第465条の2第1項に規定する極度額の定めがないときは、その根保証契約の保証人の主たる債務者に対する求償権に係る債務を主たる債務とする保証契約は、その効力を生じない。
2　保証人が法人である根保証契約であってその主たる債務の範囲に貸金等債務が含まれるものにおいて、元本確定期日の定めがないとき、又は元本確定期日の定め若しくはその変更が第465条の3第1項若しくは第3項の規定を適用するとすればその効力を生じないものであるときは、その根保証契約の保証人の主たる債務者に対する求償権に係る債務を主

3　貸金等根保証契約における元本確定期日の変更をする場合において、変更後の元本確定期日がその変更をした日から5年を経過する日より後の日となるときは、その元本確定期日の変更は、その効力を生じない。ただし、元本確定期日の前2箇月以内に元本確定期日の変更をする場合において、変更後の元本確定期日が変更前の元本確定期日から5年以内の日となるときは、この限りでない。

4　第446条第2項及び第3項の規定は、貸金等根保証契約における元本確定期日の定め及びその変更(その貸金等根保証契約の締結の日から3年以内の日を元本確定期日とする旨の定め及び元本確定期日より前の日を変更後の元本確定期日とする変更を除く。)について準用する。

(貸金等根保証契約の元本の確定事由)
第465条の4　次に掲げる場合には、貸金等根保証契約における主たる債務の元本は、確定する。

一　債権者が、主たる債務者又は保証人の財産について、金銭の支払を目的とする債権についての強制執行又は担保権の実行を申し立てたとき。ただし、強制執行又は担保権の実行の手続の開始があったときに限る。
二　主たる債務者又は保証人が破産手続開始の決定を受けたとき。
三　(同左)
(新設)

(保証人が法人である貸金等債務の根保証契約の求償権)

第465条の5　保証人が法人である根保証契約であってその主たる債務の範囲に貸金等債務が含まれるものにおいて、第465条の2第1項に規定する極度額の定めがないとき、元本確定期日の定めがないとき、又は元本確定期日の定め若しくはその変更が第465条の3第1項若しくは第3項の規定を適用するとすればその効力を生じないものであるときは、その根保証契約の保証人の主たる債務者に対する求償権についての保証契約(保証人が法人であるものを除く。)は、その効力を生じない。

たる債務とする保証契約は、その効力を生じない。
主たる債務の範囲にその求償権に係る債務が含まれ
る根保証契約も、同様とする。
3　前２項の規定は、求償権に係る債務を主たる債務
とする保証契約又は主たる債務の範囲に求償権に係
る債務が含まれる根保証契約の保証人が法人である
場合には、適用しない。

　　　　第三目　事業に係る債務についての保証契　　　　（新設）
　　　　　　　　約の特則

（公正証書の作成と保証の効力）
第465条の６　事業のために負担した貸金等債務を主　（新設）
たる債務とする保証契約又は主たる債務の範囲に事
業のために負担する貸金等債務が含まれる根保証契
約は、その契約の締結に先立ち、その締結の日前１
箇月以内に作成された公正証書で保証人になろうと
する者が保証債務を履行する意思を表示していなけ
れば、その効力を生じない。
2　前項の公正証書を作成するには、次に掲げる方式
に従わなければならない。
　一　保証人になろうとする者が、次のイ又はロに掲
　　げる契約の区分に応じ、それぞれ当該イ又はロに
　　定める事項を公証人に口授すること。
　　イ　保証契約（ロに掲げるものを除く。）　主たる
　　　債務の債権者及び債務者、主たる債務の元本、
　　　主たる債務に関する利息、違約金、損害賠償そ
　　　の他その債務に従たる全てのものの定めの有無
　　　及びその内容並びに主たる債務者がその債務を
　　　履行しないときには、その債務の全額について
　　　履行する意思（保証人になろうとする者が主た
　　　る債務者と連帯して債務を負担しようとするも
　　　のである場合には、債権者が主たる債務者に対
　　　して催告をしたかどうか、主たる債務者がその
　　　債務を履行することができるかどうか、又は他
　　　に保証人があるかどうかにかかわらず、その全
　　　額について履行する意思）を有していること。
　　ロ　根保証契約　主たる債務の債権者及び債務
　　　者、主たる債務の範囲、根保証契約における極
　　　度額、元本確定期日の定めの有無及びその内容
　　　並びに主たる債務者がその債務を履行しないと
　　　きには、極度額の限度において元本確定期日又
　　　は第465条の４第１項各号若しくは第２項各号
　　　に掲げる事由その他の元本を確定すべき事由が
　　　生ずる時までに生ずべき主たる債務の元本及び
　　　主たる債務に関する利息、違約金、損害賠償そ
　　　の他その債務に従たる全てのものの全額につい
　　　て履行する意思（保証人になろうとする者が主
　　　たる債務者と連帯して債務を負担しようとする
　　　ものである場合には、債権者が主たる債務者に
　　　対して催告をしたかどうか、主たる債務者がそ
　　　の債務を履行することができるかどうか、又は
　　　他に保証人があるかどうかにかかわらず、その

全額について履行する意思)を有していること。
二　公証人が、保証人になろうとする者の口述を筆記し、これを保証人になろうとする者に読み聞かせ、又は閲覧させること。
三　保証人になろうとする者が、筆記の正確なことを承認した後、署名し、印を押すこと。ただし、保証人になろうとする者が署名することができない場合は、公証人がその事由を付記して、署名に代えることができる。
四　公証人が、その証書は前3号に掲げる方式に従って作ったものである旨を付記して、これに署名し、印を押すこと。
3　前2項の規定は、保証人になろうとする者が法人である場合には、適用しない。

(保証に係る公正証書の方式の特則)
第465条の7　前条第1項の保証契約又は根保証契約の保証人になろうとする者が口がきけない者である場合には、公証人の前で、同条第2項第1号イ又はロに掲げる契約の区分に応じ、それぞれ当該イ又はロに定める事項を通訳人の通訳により申述し、又は自書して、同号の口授に代えなければならない。この場合における同項第2号の規定の適用については、同号中「口述」とあるのは、「通訳人の通訳による申述又は自書」とする。　　　　　　　　　　　　　(新設)
2　前条第1項の保証契約又は根保証契約の保証人になろうとする者が耳が聞こえない者である場合には、公証人は、同条第2項第2号に規定する筆記した内容を通訳人の通訳により保証人になろうとする者に伝えて、同号の読み聞かせに代えることができる。
3　公証人は、前2項に定める方式に従って公正証書を作ったときは、その旨をその証書に付記しなければならない。

(公正証書の作成と求償権についての保証の効力)
第465条の8　第465条の6第1項及び第2項並びに前条の規定は、事業のために負担した貸金等債務を主たる債務とする保証契約又は主たる債務の範囲に事業のために負担する貸金等債務が含まれる根保証契約の保証人の主たる債務者に対する求償権に係る債務を主たる債務とする保証契約について準用する。主たる債務の範囲にその求償権に係る債務が含まれる根保証契約も、同様とする。　　　　　　　(新設)
2　前項の規定は、保証人になろうとする者が法人である場合には、適用しない。

(公正証書の作成と保証の効力に関する規定の適用除外)
第465条の9　前3条の規定は、保証人になろうとする者が次に掲げる者である保証契約については、適用しない。　　　　　　　　　　　　　　(新設)
一　主たる債務者が法人である場合のその理事、取

締役、執行役又はこれらに準ずる者
二　主たる債務者が法人である場合の次に掲げる者
　　イ　主たる債務者の総株主の議決権(株主総会において決議をすることができる事項の全部につき議決権を行使することができない株式についての議決権を除く。以下この号において同じ。)の過半数を有する者
　　ロ　主たる債務者の総株主の議決権の過半数を他の株式会社が有する場合における当該他の株式会社の総株主の議決権の過半数を有する者
　　ハ　主たる債務者の総株主の議決権の過半数を他の株式会社及び当該他の株式会社の総株主の議決権の過半数を有する者が有する場合における当該他の株式会社の総株主の議決権の過半数を有する者
　　ニ　株式会社以外の法人が主たる債務者である場合におけるイ、ロ又はハに掲げる者に準ずる者
三　主たる債務者(法人であるものを除く。以下この号において同じ。)と共同して事業を行う者又は主たる債務者が行う事業に現に従事している主たる債務者の配偶者

(契約締結時の情報の提供義務)
第465条の10　主たる債務者は、事業のために負担する債務を主たる債務とする保証又は主たる債務の範囲に事業のために負担する債務が含まれる根保証の委託をするときは、委託を受ける者に対し、次に掲げる事項に関する情報を提供しなければならない。
一　財産及び収支の状況
二　主たる債務以外に負担している債務の有無並びにその額及び履行状況
三　主たる債務の担保として他に提供し、又は提供しようとするものがあるときは、その旨及びその内容
2　主たる債務者が前項各号に掲げる事項に関して情報を提供せず、又は事実と異なる情報を提供したために委託を受けた者がその事項について誤認をし、それによって保証契約の申込み又はその承諾の意思表示をした場合において、主たる債務者がその事項に関して情報を提供せず又は事実と異なる情報を提供したことを債権者が知り又は知ることができたときは、保証人は、保証契約を取り消すことができる。
3　前2項の規定は、保証をする者が法人である場合には、適用しない。

(新設)

(債権の譲渡性)	(債権の譲渡性)
第466条　(略)	第466条　(同左)
2　当事者が債権の譲渡を禁止し、又は制限する旨の意思表示(以下「譲渡制限の意思表示」という。)をしたときであっても、債権の譲渡は、その効力を妨げられない。	2　前項の規定は、当事者が反対の意思を表示した場合には、適用しない。ただし、その意思表示は、善意の第三者に対抗することができない。
3　前項に規定する場合には、譲渡制限の意思表示が	(新設)

されたことを知り、又は重大な過失によって知らなかった譲受人その他の第三者に対しては、債務者は、その債務の履行を拒むことができ、かつ、譲渡人に対する弁済その他の債務を消滅させる事由をもってその第三者に対抗することができる。
4　前項の規定は、債務者が債務を履行しない場合において、同項に規定する第三者が相当の期間を定めて譲渡人への履行の催告をし、その期間内に履行がないときは、その債務者については、適用しない。

(新設)

(譲渡制限の意思表示がされた債権に係る債務者の供託)
第466条の2　債務者は、譲渡制限の意思表示がされた金銭の給付を目的とする債権が譲渡されたときは、その債権の全額に相当する金銭を債務の履行地(債務の履行地が債権者の現在の住所により定まる場合にあっては、譲渡人の現在の住所を含む。次条において同じ。)の供託所に供託することができる。
2　前項の規定により供託をした債務者は、遅滞なく、譲渡人及び譲受人に供託の通知をしなければならない。
3　第1項の規定により供託をした金銭は、譲受人に限り、還付を請求することができる。

(新設)

第466条の3　前条第1項に規定する場合において、譲渡人について破産手続開始の決定があったときは、譲受人(同項の債権の全額を譲り受けた者であって、その債権の譲渡を債務者その他の第三者に対抗することができるものに限る。)は、譲渡制限の意思表示がされたことを知り、又は重大な過失によって知らなかったときであっても、債務者にその債権の全額に相当する金銭を債務の履行地の供託所に供託させることができる。この場合においては、同条第2項及び第3項の規定を準用する。

(新設)

(譲渡制限の意思表示がされた債権の差押え)
第466条の4　第466条第3項の規定は、譲渡制限の意思表示がされた債権に対する強制執行をした差押債権者に対しては、適用しない。
2　前項の規定にかかわらず、譲受人その他の第三者が譲渡制限の意思表示がされたことを知り、又は重大な過失によって知らなかった場合において、その債権者が同項の債権に対する強制執行をしたときは、債務者は、その債務の履行を拒むことができ、かつ、譲渡人に対する弁済その他の債務を消滅させる事由をもって差押債権者に対抗することができる。

(新設)

(預金債権又は貯金債権に係る譲渡制限の意思表示の効力)
第466条の5　預金口座又は貯金口座に係る預金又は貯金に係る債権(以下「預貯金債権」という。)について当事者がした譲渡制限の意思表示は、第466条

(新設)

第2項の規定にかかわらず、その譲渡制限の意思表示がされたことを知り、又は重大な過失によって知らなかった譲受人その他の第三者に対抗することができる。
2　前項の規定は、譲渡制限の意思表示がされた預貯金債権に対する強制執行をした差押債権者に対しては、適用しない。

（将来債権の譲渡性）
第466条の6　債権の譲渡は、その意思表示の時に債権が現に発生していることを要しない。
2　債権が譲渡された場合において、その意思表示の時に債権が現に発生していないときは、譲受人は、発生した債権を当然に取得する。
3　前項に規定する場合において、譲渡人が次条の規定による通知をし、又は債務者が同条の規定による承諾をした時（以下「対抗要件具備時」という。）までに譲渡制限の意思表示がされたときは、譲受人その他の第三者がそのことを知っていたものとみなして、第466条第3項（譲渡制限の意思表示がされた債権が預貯金債権の場合にあっては、前条第1項）の規定を適用する。

（新設）

（債権の譲渡の対抗要件）
第467条　債権の譲渡（現に発生していない債権の譲渡を含む。）は、譲渡人が債務者に通知をし、又は債務者が承諾をしなければ、債務者その他の第三者に対抗することができない。
2　（略）

（指名債権の譲渡の対抗要件）
第467条　指名債権の譲渡は、譲渡人が債務者に通知をし、又は債務者が承諾をしなければ、債務者その他の第三者に対抗することができない。
2　（同左）

（債権の譲渡における債務者の抗弁）
第468条　債務者は、対抗要件具備時までに譲渡人に対して生じた事由をもって譲受人に対抗することができる。
2　第466条第4項の場合における前項の規定の適用については、同項中「対抗要件具備時」とあるのは、「第466条第4項の相当の期間を経過した時」とし、第466条の3の場合における同項の規定の適用については、同項中「対抗要件具備時」とあるのは、「第466条の3の規定により同条の譲受人から供託の請求を受けた時」とする。

（指名債権の譲渡における債務者の抗弁）
第468条　債務者が異議をとどめないで前条の承諾をしたときは、譲渡人に対抗することができた事由があっても、これをもって譲受人に対抗することができない。この場合において、債務者がその債務を消滅させるために譲渡人に払い渡したものがあるときはこれを取り戻し、譲渡人に対して負担した債務があるときはこれを成立しないものとみなすことができる。
2　譲渡人が譲渡の通知をしたにとどまるときは、債務者は、その通知を受けるまでに譲渡人に対して生じた事由をもって譲受人に対抗することができる。

（債権の譲渡における相殺権）
第469条　債務者は、対抗要件具備時より前に取得した譲渡人に対する債権による相殺をもって譲受人に対抗することができる。
2　債務者が対抗要件具備時より後に取得した譲渡人に対する債権であっても、その債権が次に掲げるものであるときは、前項と同様とする。ただし、債務者が対抗要件具備時より後に他人の債権を取得したときは、この限りでない。
一　対抗要件具備時より前の原因に基づいて生じた

（指図債権の譲渡の対抗要件）
第469条　指図債権の譲渡は、その証書に譲渡の裏書をして譲受人に交付しなければ、債務者その他の第三者に対抗することができない。

債権 二　前号に掲げるもののほか、譲受人の取得した債権の発生原因である契約に基づいて生じた債権 3　第466条第4項の場合における前2項の規定の適用については、これらの規定中「対抗要件具備時」とあるのは、「第466条第4項の相当の期間を経過した時」とし、第466条の3の場合におけるこれらの規定の適用については、これらの規定中「対抗要件具備時」とあるのは、「第466条の3の規定により同条の譲受人から供託の請求を受けた時」とする。	
(削る)	(指図債権の債務者の調査の権利等) 第470条　指図債権の債務者は、その証書の所持人並びにその署名及び押印の真偽を調査する権利を有するが、その義務を負わない。ただし、債務者に悪意又は重大な過失があるときは、その弁済は、無効とする。
(削る)	(記名式所持人払債権の債務者の調査の権利等) 第471条　前条の規定は、債権に関する証書に債権者を指名する記載がされているが、その証書の所持人に弁済をすべき旨が付記されている場合について準用する。
(削る)	(指図債権の譲渡における債務者の抗弁の制限) 第472条　指図債権の債務者は、その証書に記載した事項及びその証書の性質から当然に生ずる結果を除き、その指図債権の譲渡前の債権者に対抗することができた事由をもって善意の譲受人に対抗することができない。
(削る)	(無記名債権の譲渡における債務者の抗弁の制限) 第473条　前条の規定は、無記名債権について準用する。
第五節　債務の引受け 　　　　第一款　併存的債務引受	(新設) (新設)
(併存的債務引受の要件及び効果) 第470条　併存的債務引受の引受人は、債務者と連帯して、債務者が債権者に対して負担する債務と同一の内容の債務を負担する。 2　併存的債務引受は、債権者と引受人となる者との契約によってすることができる。 3　併存的債務引受は、債務者と引受人となる者との契約によってもすることができる。この場合において、併存的債務引受は、債権者が引受人となる者に対して承諾をした時に、その効力を生ずる。 4　前項の規定によってする併存的債務引受は、第三者のためにする契約に関する規定に従う。	(新設)
(併存的債務引受における引受人の抗弁等) 第471条　引受人は、併存的債務引受により負担した	(新設)

自己の債務について、その効力が生じた時に債務者が主張することができた抗弁をもって債権者に対抗することができる。
2　債務者が債権者に対して取消権又は解除権を有するときは、引受人は、これらの権利の行使によって債務者がその債務を免れるべき限度において、債権者に対して債務の履行を拒むことができる。

<u>　　　　　第二款　免責的債務引受</u>　　　　　　　（新設）

<u>（免責的債務引受の要件及び効果）</u>
<u>第472条　免責的債務引受の引受人は債務者が債権者に対して負担する債務と同一の内容の債務を負担し、債務者は自己の債務を免れる。</u>　　　　（新設）
<u>2　免責的債務引受は、債権者と引受人となる者との契約によってすることができる。この場合において、免責的債務引受は、債権者が債務者に対してその契約をした旨を通知した時に、その効力を生ずる。</u>
<u>3　免責的債務引受は、債務者と引受人となる者が契約をし、債権者が引受人となる者に対して承諾をすることによってもすることができる。</u>

<u>（免責的債務引受における引受人の抗弁等）</u>
<u>第472条の2　引受人は、免責的債務引受により負担した自己の債務について、その効力が生じた時に債務者が主張することができた抗弁をもって債権者に対抗することができる。</u>　（新設）
<u>2　債務者が債権者に対して取消権又は解除権を有するときは、引受人は、免責的債務引受がなければこれらの権利の行使によって債務者がその債務を免れることができた限度において、債権者に対して債務の履行を拒むことができる。</u>

<u>（免責的債務引受における引受人の求償権）</u>
<u>第472条の3　免責的債務引受の引受人は、債務者に対して求償権を取得しない。</u>　　　　　　　　　（新設）

<u>（免責的債務引受による担保の移転）</u>
<u>第472条の4　債権者は、第472条第1項の規定により債務者が免れる債務の担保として設定された担保権を引受人が負担する債務に移すことができる。ただし、引受人以外の者がこれを設定した場合には、その承諾を得なければならない。</u>　（新設）
<u>2　前項の規定による担保権の移転は、あらかじめ又は同時に引受人に対してする意思表示によってしなければならない。</u>
<u>3　前2項の規定は、第472条第1項の規定により債務者が免れる債務の保証をした者があるときについて準用する。</u>
<u>4　前項の場合において、同項において準用する第1項の承諾は、書面でしなければ、その効力を生じない。</u>

新	旧
5　前項の承諾がその内容を記録した電磁的記録によってされたときは、その承諾は、書面によってされたものとみなして、同項の規定を適用する。	
第六節　債権の消滅	第五節　債権の消滅
（弁済） 第473条　債務者が債権者に対して債務の弁済をしたときは、その債権は、消滅する。	（新設）
（第三者の弁済） 第474条　債務の弁済は、第三者もすることができる。	（第三者の弁済） 第474条　債務の弁済は、第三者もすることができる。ただし、その債務の性質がこれを許さないとき、又は当事者が反対の意思を表示したときは、この限りでない。
2　弁済をするについて正当な利益を有する者でない第三者は、債務者の意思に反して弁済をすることができない。ただし、債務者の意思に反することを債権者が知らなかったときは、この限りでない。	2　利害関係を有しない第三者は、債務者の意思に反して弁済をすることができない。
3　前項に規定する第三者は、債権者の意思に反して弁済をすることができない。ただし、その第三者が債務者の委託を受けて弁済をする場合において、そのことを債権者が知っていたときは、この限りでない。	（新設）
4　前3項の規定は、その債務の性質が第三者の弁済を許さないとき、又は当事者が第三者の弁済を禁止し、若しくは制限する旨の意思表示をしたときは、適用しない。	（新設）
（弁済として引き渡した物の取戻し） 第475条　（略）	（弁済として引き渡した物の取戻し） 第475条　（同左）
（削る）	第476条　譲渡につき行為能力の制限を受けた所有者が弁済として物の引渡しをした場合において、その弁済を取り消したときは、その所有者は、更に有効な弁済をしなければ、その物を取り戻すことができない。
（弁済として引き渡した物の消費又は譲渡がされた場合の弁済の効力等） 第476条　前条の場合において、債権者が弁済として受領した物を善意で消費し、又は譲り渡したときは、その弁済は、有効とする。この場合において、債権者が第三者から賠償の請求を受けたときは、弁済をした者に対して求償をすることを妨げない。	（弁済として引き渡した物の消費又は譲渡がされた場合の弁済の効力等） 第477条　前2条の場合において、債権者が弁済として受領した物を善意で消費し、又は譲り渡したときは、その弁済は、有効とする。この場合において、債権者が第三者から賠償の請求を受けたときは、弁済をした者に対して求償をすることを妨げない。
（預金又は貯金の口座に対する払込みによる弁済） 第477条　債権者の預金又は貯金の口座に対する払込みによってする弁済は、債権者がその預金又は貯金に係る債権の債務者に対してその払込みに係る金額の払戻しを請求する権利を取得した時に、その効力を生ずる。	（新設）

| (受領権者としての外観を有する者に対する弁済) | (債権の準占有者に対する弁済) |

第478条　受領権者(債権者及び法令の規定又は当事者の意思表示によって弁済を受領する権限を付与された第三者をいう。以下同じ。)以外の者であって取引上の社会通念に照らして受領権者としての外観を有するものに対してした弁済は、その弁済をした者が善意であり、かつ、過失がなかったときに限り、その効力を有する。

第478条　債権の準占有者に対してした弁済は、その弁済をした者が善意であり、かつ、過失がなかったときに限り、その効力を有する。

(受領権者以外の者に対する弁済)
第479条　前条の場合を除き、受領権者以外の者に対してした弁済は、債権者がこれによって利益を受けた限度においてのみ、その効力を有する。

(受領する権限のない者に対する弁済)
第479条　前条の場合を除き、弁済を受領する権限を有しない者に対してした弁済は、債権者がこれによって利益を受けた限度においてのみ、その効力を有する。

第480条　削除

(受取証書の持参人に対する弁済)
第480条　受取証書の持参人は、弁済を受領する権限があるものとみなす。ただし、弁済をした者がその権限がないことを知っていたとき、又は過失によって知らなかったときは、この限りでない。

(差押えを受けた債権の第三債務者の弁済)
第481条　差押えを受けた債権の第三債務者が自己の債権者に弁済をしたときは、差押債権者は、その受けた損害の限度において更に弁済をすべき旨を第三債務者に請求することができる。
2　(略)

(支払の差止めを受けた第三債務者の弁済)
第481条　支払の差止めを受けた第三債務者が自己の債権者に弁済をしたときは、差押債権者は、その受けた損害の限度において更に弁済をすべき旨を第三債務者に請求することができる。
2　(同左)

(代物弁済)
第482条　弁済をすることができる者(以下「弁済者」という。)が、債権者との間で、債務者の負担した給付に代えて他の給付をすることにより債務を消滅させる旨の契約をした場合において、その弁済者が当該他の給付をしたときは、その給付は、弁済と同一の効力を有する。

(代物弁済)
第482条　債務者が、債権者の承諾を得て、その負担した給付に代えて他の給付をしたときは、その給付は、弁済と同一の効力を有する。

(特定物の現状による引渡し)
第483条　債権の目的が特定物の引渡しである場合において、契約その他の債権の発生原因及び取引上の社会通念に照らしてその引渡しをすべき時の品質を定めることができないときは、弁済をする者は、その引渡しをすべき時の現状でその物を引き渡さなければならない。

(特定物の現状による引渡し)
第483条　債権の目的が特定物の引渡しであるときは、弁済をする者は、その引渡しをすべき時の現状でその物を引き渡さなければならない。

(弁済の場所及び時間)
第484条　(略)
2　法令又は慣習により取引時間の定めがあるときは、その取引時間内に限り、弁済をし、又は弁済の請求をすることができる。

(弁済の場所)
第484条　(同左)
(新設)

(受取証書の交付請求)
第486条　弁済をする者は、弁済と引換えに、弁済を受領する者に対して受取証書の交付を請求すること

(受取証書の交付請求)
第486条　弁済をした者は、弁済を受領した者に対して受取証書の交付を請求することができる。

ができる。	
(同種の給付を目的とする数個の債務がある場合の充当)	(弁済の充当の指定)
第488条　債務者が同一の債権者に対して同種の給付を目的とする数個の債務を負担する場合において、弁済として提供した給付が全ての債務を消滅させるのに足りないとき(次条第1項に規定する場合を除く。)は、弁済をする者は、給付の時に、その弁済を充当すべき債務を指定することができる。	第488条　債務者が同一の債権者に対して同種の給付を目的とする数個の債務を負担する場合において、弁済として提供した給付がすべての債務を消滅させるのに足りないときは、弁済をする者は、給付の時に、その弁済を充当すべき債務を指定することができる。
2・3　（略）	2・3　（同左）
4　弁済をする者及び弁済を受領する者がいずれも第1項又は第2項の規定による指定をしないときは、次の各号の定めるところに従い、その弁済を充当する。 一　債務の中に弁済期にあるものと弁済期にないものとがあるときは、弁済期にあるものに先に充当する。 二　全ての債務が弁済期にあるとき、又は弁済期にないときは、債務者のために弁済の利益が多いものに先に充当する。 三　債務者のために弁済の利益が相等しいときは、弁済期が先に到来したもの又は先に到来すべきものに先に充当する。 四　前2号に掲げる事項が相等しい債務の弁済は、各債務の額に応じて充当する。	(新設)
(元本、利息及び費用を支払うべき場合の充当)	(法定充当)
第489条　債務者が1個又は数個の債務について元本のほか利息及び費用を支払うべき場合(債務者が数個の債務を負担する場合にあっては、同一の債権者に対して同種の給付を目的とする数個の債務を負担するときに限る。)において、弁済をする者がその債務の全部を消滅させるのに足りない給付をしたときは、これを順次に費用、利息及び元本に充当しなければならない。 2　前条の規定は、前項の場合において、費用、利息又は元本のいずれかの全てを消滅させるのに足りない給付をしたときについて準用する。	第489条　弁済をする者及び弁済を受領する者がいずれも前条の規定による弁済の充当の指定をしないときは、次の各号の定めるところに従い、その弁済を充当する。 一　債務の中に弁済期にあるものと弁済期にないものとがあるときは、弁済期にあるものに先に充当する。 二　すべての債務が弁済期にあるとき、又は弁済期にないときは、債務者のために弁済の利益が多いものに先に充当する。 三　債務者のために弁済の利益が相等しいときは、弁済期が先に到来したもの又は先に到来すべきものに先に充当する。 四　前2号に掲げる事項が相等しい債務の弁済は、各債務の額に応じて充当する。
(合意による弁済の充当)	
第490条　前2条の規定にかかわらず、弁済をする者と弁済を受領する者との間に弁済の充当の順序に関する合意があるときは、その順序に従い、その弁済を充当する。	(新設)
(数個の給付をすべき場合の充当)	(数個の給付をすべき場合の充当)
第491条　1個の債務の弁済として数個の給付をすべき場合において、弁済をする者がその債務の全部を	第490条　1個の債務の弁済として数個の給付をすべき場合において、弁済をする者がその債務の全部を

消滅させるのに足りない給付をしたときは、前3条の規定を準用する。 (削る)	消滅させるのに足りない給付をしたときは、前2条の規定を準用する。 (元本、利息及び費用を支払うべき場合の充当) 第491条　債務者が1個又は数個の債務について元本のほか利息及び費用を支払うべき場合において、弁済をする者がその債務の全部を消滅させるのに足りない給付をしたときは、これを順次に費用、利息及び元本に充当しなければならない。 2　第489条の規定は、前項の場合について準用する。
(弁済の提供の効果) 第492条　債務者は、弁済の提供の時から、債務を履行しないことによって生ずべき責任を免れる。	(弁済の提供の効果) 第492条　債務者は、弁済の提供の時から、債務の不履行によって生ずべき一切の責任を免れる。
(供託) 第494条　弁済者は、次に掲げる場合には、債権者のために弁済の目的物を供託することができる。この場合においては、弁済者が供託をした時に、その債権は、消滅する。 一　弁済の提供をした場合において、債権者がその受領を拒んだとき。 二　債権者が弁済を受領することができないとき。 2　弁済者が債権者を確知することができないときも、前項と同様とする。ただし、弁済者に過失があるときは、この限りでない。	(供託) 第494条　債権者が弁済の受領を拒み、又はこれを受領することができないときは、弁済をすることができる者(以下この目において「弁済者」という。)は、債権者のために弁済の目的物を供託してその債務を免れることができる。弁済者が過失なく債権者を確知することができないときも、同様とする。
(供託に適しない物等) 第497条　弁済者は、次に掲げる場合には、裁判所の許可を得て、弁済の目的物を競売に付し、その代金を供託することができる。 一　その物が供託に適しないとき。 二　その物について滅失、損傷その他の事由による価格の低落のおそれがあるとき。 三　その物の保存について過分の費用を要するとき。 四　前3号に掲げる場合のほか、その物を供託することが困難な事情があるとき。	(供託に適しない物等) 第497条　弁済の目的物が供託に適しないとき、又はその物について滅失若しくは損傷のおそれがあるときは、弁済者は、裁判所の許可を得て、これを競売に付し、その代金を供託することができる。その物の保存について過分の費用を要するときも、同様とする。
(供託物の還付請求等) 第498条　弁済の目的物又は前条の代金が供託された場合には、債権者は、供託物の還付を請求することができる。 2　(略)	(供託物の受領の要件) 第498条　(新設) (同左)
(弁済による代位の要件) 第499条　債務者のために弁済をした者は、債権者に代位する。 (削る)	(任意代位) 第499条　債務者のために弁済をした者は、その弁済と同時に債権者の承諾を得て、債権者に代位することができる。 2　第467条の規定は、前項の場合について準用する。
第500条　第467条の規定は、前条の場合(弁済をする	(法定代位) 第500条　弁済をするについて正当な利益を有する者

について正当な利益を有する者が債権者に代位する場合を除く。)について準用する。

(弁済による代位の効果)
第501条　前2条の規定により債権者に代位した者は、債権の効力及び担保としてその債権者が有していた一切の権利を行使することができる。

(削る)

(削る)

(削る)

(削る)

(削る)

(削る)

2　前項の規定による権利の行使は、債権者に代位した者が自己の権利に基づいて債務者に対して求償をすることができる範囲内(保証人の1人が他の保証人に対して債権者に代位する場合には、自己の権利に基づいて当該他の保証人に対して求償をすることができる範囲内)に限り、することができる。

3　第1項の場合には、前項の規定によるほか、次に掲げるところによる。
　一　第三取得者(債務者から担保の目的となっている財産を譲り受けた者をいう。以下この項において同じ。)は、保証人及び物上保証人に対して債権者に代位しない。
　二　第三取得者の1人は、各財産の価格に応じて、他の第三取得者に対して債権者に代位する。
　三　前号の規定は、物上保証人の1人が他の物上保証人に対して債権者に代位する場合について準用する。
　四　保証人と物上保証人との間においては、その数に応じて、債権者に代位する。ただし、物上保証人が数人あるときは、保証人の負担部分を除いた残額について、各財産の価格に応じて、債権者に代位する。
　五　第三取得者から担保の目的となっている財産を譲り受けた者は、第三取得者とみなして第1号及び第2号の規定を適用し、物上保証人から担保の

は、弁済によって当然に債権者に代位する。

(弁済による代位の効果)
第501条　前2条の規定により債権者に代位した者は、自己の権利に基づいて求償をすることができる範囲内において、債権の効力及び担保としてその債権者が有していた一切の権利を行使することができる。この場合においては、次の各号の定めるところに従わなければならない。
　一　保証人は、あらかじめ先取特権、不動産質権又は抵当権の登記にその代位を付記しなければ、その先取特権、不動産質権又は抵当権の目的である不動産の第三取得者に対して債権者に代位することができない。
　二　第三取得者は、保証人に対して債権者に代位しない。
　三　第三取得者の1人は、各不動産の価格に応じて、他の第三取得者に対して債権者に代位する。
　四　物上保証人の1人は、各財産の価格に応じて、他の物上保証人に対して債権者に代位する。
　五　保証人と物上保証人との間においては、その数に応じて、債権者に代位する。ただし、物上保証人が数人あるときは、保証人の負担部分を除いた残額について、各財産の価格に応じて、債権者に代位する。
　六　前号の場合において、その財産が不動産であるときは、第1号の規定を準用する。

(新設)

(新設)

目的となっている財産を譲り受けた者は、物上保証人とみなして第1号、第3号及び前号の規定を適用する。	
(一部弁済による代位)	(一部弁済による代位)
第502条　債権の一部について代位弁済があったときは、代位者は、<u>債権者の同意を得て、</u>その弁済をした価額に応じて、債権者とともにその権利を行使<u>することができる</u>。	第502条　債権の一部について代位弁済があったときは、代位者は、その弁済をした価額に応じて、債権者とともにその権利を行使する。
<u>2　前項の場合であっても、債権者は、単独でその権利を行使することができる。</u>	(新設)
<u>3　前2項の場合に債権者が行使する権利は、その債権の担保の目的となっている財産の売却代金その他の当該権利の行使によって得られる金銭について、代位者が行使する権利に優先する。</u>	(新設)
4　第1項の場合において、債務の不履行による契約の解除は、債権者のみがすることができる。この場合においては、代位者に対し、その弁済をした価額及びその利息を償還しなければならない。	2　前項の場合において、債務の不履行による契約の解除は、債権者のみがすることができる。この場合においては、代位者に対し、その弁済をした価額及びその利息を償還しなければならない。
(債権者による担保の喪失等)	(債権者による担保の喪失等)
第504条　<u>弁済をするについて正当な利益を有する者（以下この項において「代位権者」という。）</u>がある場合において、債権者が故意又は過失によってその担保を喪失し、又は減少させたときは、<u>その代位権者は、代位</u>をするに当たって担保の喪失又は減少によって償還を受けることができなくなる限度において、その責任を免れる。<u>その代位権者が物上保証人である場合において、その代位権者から担保の目的となっている財産を譲り受けた第三者及びその特定承継人についても、同様とする。</u>	第504条　<u>第500条の規定により代位をすることができる</u>者がある場合において、債権者が故意又は過失によってその担保を喪失し、又は減少させたときは、<u>その代位</u>をすることができる者は、その喪失又は減少によって償還を<u>受けることができなくなった</u>限度において、その責任を免れる。
<u>2　前項の規定は、債権者が担保を喪失し、又は減少させたことについて取引上の社会通念に照らして合理的な理由があると認められるときは、適用しない。</u>	(新設)
(相殺の要件等)	(相殺の要件等)
第505条　(略)	第505条　(同左)
2　前項の規定<u>にかかわらず、</u>当事者が<u>相殺を禁止し、又は制限する旨の</u>意思表示<u>をした場合には、その意思表示は、第三者がこれを知り、又は重大な過失によって知らなかったときに限り、</u>その第三者に対抗することができ<u>る</u>。	2　前項の規定<u>は、</u>当事者が<u>反対の</u>意思<u>を</u>表示<u>した場合には、適用</u>し<u>ない。ただし、</u>その<u>意思表示は、善意の</u>第三者に対抗することができ<u>ない</u>。
<u>(不法行為等</u>により生じた債権を受働債権とする相殺の禁止)	<u>(不法行為</u>により生じた債権を受働債権とする相殺の禁止)
第509条　<u>次に掲げる債務の債務者は、相殺をもって債権者に対抗することができない。ただし、その債権者がその債務に係る債権を他人から譲り受けたときは、この限りでない。</u> <u>一　悪意による不法行為に基づく損害賠償の債務</u> <u>二　人の生命又は身体の侵害による損害賠償の債務（前号に掲げるものを除く。）</u>	第509条　債務が不法行為によって生じたときは、その債務者は、相殺をもって債権者に対抗することができない。

(差押えを受けた債権を受働債権とする相殺の禁止)
第511条　差押えを受けた債権の第三債務者は、差押え後に取得した債権による相殺をもって差押債権者に対抗することはできないが、差押え前に取得した債権による相殺をもって対抗することができる。
2　前項の規定にかかわらず、差押え後に取得した債権が差押え前の原因に基づいて生じたものであるときは、その第三債務者は、その債権による相殺をもって差押債権者に対抗することができる。ただし、第三債務者が差押え後に他人の債権を取得したときは、この限りでない。

(相殺の充当)
第512条　債権者が債務者に対して有する一個又は数個の債権と、債権者が債務者に対して負担する一個又は数個の債務について、債権者が相殺の意思表示をした場合において、当事者が別段の合意をしなかったときは、債権者の有する債権とその負担する債務は、相殺に適するようになった時期の順序に従って、その対当額について相殺によって消滅する。
2　前項の場合において、相殺をする債権者の有する債権がその負担する債務の全部を消滅させるのに足りないときであって、当事者が別段の合意をしなかったときは、次に掲げるところによる。
　一　債権者が数個の債務を負担するとき(次号に規定する場合を除く。)は、第488条第4項第2号から第4号までの規定を準用する。
　二　債権者が負担する1個又は数個の債務について元本のほか利息及び費用を支払うべきときは、第489条の規定を準用する。この場合において、同条第2項中「前条」とあるのは、「前条第4項第2号から第4号まで」と読み替えるものとする。
3　第1項の場合において、相殺をする債権者の負担する債務がその有する債権の全部を消滅させるのに足りないときは、前項の規定を準用する。

第512条の2　債権者が債務者に対して有する債権に、1個の債権の弁済として数個の給付をすべきものがある場合における相殺については、前条の規定を準用する。債権者が債務者に対して負担する債務に、1個の債務の弁済として数個の給付をすべきものがある場合における相殺についても、同様とする。

(更改)
第513条　当事者が従前の債務に代えて、新たな債務であって次に掲げるものを発生させる契約をしたときは、従前の債務は、更改によって消滅する。
　一　従前の給付の内容について重要な変更をするもの
　二　従前の債務者が第三者と交替するもの
　三　従前の債権者が第三者と交替するもの

(支払の差止めを受けた債権を受働債権とする相殺の禁止)
第511条　支払の差止めを受けた第三債務者は、その後に取得した債権による相殺をもって差押債権者に対抗することができない。
(新設)

(相殺の充当)
第512条　第488条から第491条までの規定は、相殺について準用する。

(新設)

(更改)
第513条　当事者が債務の要素を変更する契約をしたときは、その債務は、更改によって消滅する。

(新設)

(新設)

(新設)

(削る)	2　条件付債務を無条件債務としたとき、無条件債務に条件を付したとき、又は債務の条件を変更したときは、いずれも債務の要素を変更したものとみなす。
(債務者の交替による更改) 第514条　債務者の交替による更改は、債権者と更改後に債務者となる者との契約によってすることができる。この場合において、更改は、債権者が更改前の債務者に対してその契約をした旨を通知した時に、その効力を生ずる。 2　債務者の交替による更改後の債務者は、更改前の債務者に対して求償権を取得しない。	(債務者の交替による更改) 第514条　債務者の交替による更改は、債権者と更改後に債務者となる者との契約によってすることができる。ただし、更改前の債務者の意思に反するときは、この限りでない。 (新設)
(債権者の交替による更改) 第515条　債権者の交替による更改は、更改前の債権者、更改後に債権者となる者及び債務者の契約によってすることができる。 2　(略)	(債権者の交替による更改) 第515条　(新設) (同左)
第516条及び第517条　削除	第516条　第468条第１項の規定は、債権者の交替による更改について準用する。 (更改前の債務が消滅しない場合) 第517条　更改によって生じた債務が、不法の原因のため又は当事者の知らない事由によって成立せず又は取り消されたときは、更改前の債務は、消滅しない。
(更改後の債務への担保の移転) 第518条　債権者(債権者の交替による更改にあっては、更改前の債権者)は、更改前の債務の目的の限度において、その債務の担保として設定された質権又は抵当権を更改後の債務に移すことができる。ただし、第三者がこれを設定した場合には、その承諾を得なければならない。 2　前項の質権又は抵当権の移転は、あらかじめ又は同時に更改の相手方(債権者の交替による更改にあっては、債務者)に対してする意思表示によってしなければならない。	(更改後の債務への担保の移転) 第518条　更改の当事者は、更改前の債務の目的の限度において、その債務の担保として設定された質権又は抵当権を更改後の債務に移すことができる。ただし、第三者がこれを設定した場合には、その承諾を得なければならない。 (新設)
第七節　有価証券 　　　　第一款　指図証券	(新設) (新設)
(指図証券の譲渡) 第520条の2　指図証券の譲渡は、その証券に譲渡の裏書をして譲受人に交付しなければ、その効力を生じない。	(新設)
(指図証券の裏書の方式) 第520条の3　指図証券の譲渡については、その指図証券の性質に応じ、手形法(昭和7年法律第20号)中裏書の方式に関する規定を準用する。	(新設)

(指図証券の所持人の権利の推定)
第520条の4　指図証券の所持人が裏書の連続によりその権利を証明するときは、その所持人は、証券上の権利を適法に有するものと推定する。　（新設）

(指図証券の善意取得)
第520条の5　何らかの事由により指図証券の占有を失った者がある場合において、その所持人が前条の規定によりその権利を証明するときは、その所持人は、その証券を返還する義務を負わない。ただし、その所持人が悪意又は重大な過失によりその証券を取得したときは、この限りでない。　（新設）

(指図証券の譲渡における債務者の抗弁の制限)
第520条の6　指図証券の債務者は、その証券に記載した事項及びその証券の性質から当然に生ずる結果を除き、その証券の譲渡前の債権者に対抗することができた事由をもって善意の譲受人に対抗することができない。　（新設）

(指図証券の質入れ)
第520条の7　第520条の2から前条までの規定は、指図証券を目的とする質権の設定について準用する。　（新設）

(指図証券の弁済の場所)
第520条の8　指図証券の弁済は、債務者の現在の住所においてしなければならない。　（新設）

(指図証券の提示と履行遅滞)
第520条の9　指図証券の債務者は、その債務の履行について期限の定めがあるときであっても、その期限が到来した後に所持人がその証券を提示してその履行の請求をした時から遅滞の責任を負う。　（新設）

(指図証券の債務者の調査の権利等)
第520条の10　指図証券の債務者は、その証券の所持人並びにその署名及び押印の真偽を調査する権利を有するが、その義務を負わない。ただし、債務者に悪意又は重大な過失があるときは、その弁済は、無効とする。　（新設）

(指図証券の喪失)
第520条の11　指図証券は、非訟事件手続法（平成23年法律第51号）第100条に規定する公示催告手続によって無効とすることができる。　（新設）

(指図証券喪失の場合の権利行使方法)
第520条の12　金銭その他の物又は有価証券の給付を目的とする指図証券の所持人がその指図証券を喪失した場合において、非訟事件手続法第百十四条に規定する公示催告の申立てをしたときは、その債務者に、その債務の目的物を供託させ、又は相当の担保を供してその指図証券の趣旨に従い履行をさせるこ　（新設）

とができる。

第二款　記名式所持人払証券　（新設）

(記名式所持人払証券の譲渡)
第520条の13　記名式所持人払証券(債権者を指名する記載がされている証券であって、その所持人に弁済をすべき旨が付記されているものをいう。以下同じ。)の譲渡は、その証券を交付しなければ、その効力を生じない。　（新設）

(記名式所持人払証券の所持人の権利の推定)
第520条の14　記名式所持人払証券の所持人は、証券上の権利を適法に有するものと推定する。　（新設）

(記名式所持人払証券の善意取得)
第520条の15　何らかの事由により記名式所持人払証券の占有を失った者がある場合において、その所持人が前条の規定によりその権利を証明するときは、その所持人は、その証券を返還する義務を負わない。ただし、その所持人が悪意又は重大な過失によりその証券を取得したときは、この限りでない。　（新設）

(記名式所持人払証券の譲渡における債務者の抗弁の制限)
第520条の16　記名式所持人払証券の債務者は、その証券に記載した事項及びその証券の性質から当然に生ずる結果を除き、その証券の譲渡前の債権者に対抗することができた事由をもって善意の譲受人に対抗することができない。　（新設）

(記名式所持人払証券の質入れ)
第520条の17　第520条の13から前条までの規定は、記名式所持人払証券を目的とする質権の設定について準用する。　（新設）

(指図証券の規定の準用)
第520条の18　第520条の8から第520条の12までの規定は、記名式所持人払証券について準用する。　（新設）

第三款　その他の記名証券　（新設）

第520条の19　債権者を指名する記載がされている証券であって指図証券及び記名式所持人払証券以外のものは、債権の譲渡又はこれを目的とする質権の設定に関する方式に従い、かつ、その効力をもってのみ、譲渡し、又は質権の目的とすることができる。　（新設）
2　第520条の11及び第520条の12の規定は、前項の証券について準用する。

第四款　無記名証券　（新設）

第520条の20　第二款(記名式所持人払証券)の規定　（新設）

は、無記名証券について準用する。

(契約の締結及び内容の自由)
第521条　何人も、法令に特別の定めがある場合を除き、契約をするかどうかを自由に決定することができる。
2　契約の当事者は、法令の制限内において、契約の内容を自由に決定することができる。

(新設)

(契約の成立と方式)
第522条　契約は、契約の内容を示してその締結を申し入れる意思表示(以下「申込み」という。)に対して相手方が承諾をしたときに成立する。
2　契約の成立には、法令に特別の定めがある場合を除き、書面の作成その他の方式を具備することを要しない。

(新設)

(承諾の期間の定めのある申込み)
第523条　承諾の期間を定めてした申込みは、撤回することができない。ただし、申込者が撤回をする権利を留保したときは、この限りでない。
2　(略)

(承諾の期間の定めのある申込み)
第521条　承諾の期間を定めてした契約の申込みは、撤回することができない。
2　(同左)

(削る)

(承諾の通知の延着)
第522条　前条第1項の申込みに対する承諾の通知が同項の期間の経過後に到達した場合であっても、通常の場合にはその期間内に到達すべき時に発送したものであることを知ることができるときは、申込者は、遅滞なく、相手方に対してその延着の通知を発しなければならない。ただし、その到達前に遅延の通知を発したときは、この限りでない。
2　申込者が前項本文の延着の通知を怠ったときは、承諾の通知は、前条第1項の期間内に到達したものとみなす。

(遅延した承諾の効力)
第524条　(略)

(遅延した承諾の効力)
第523条　(同左)

(承諾の期間の定めのない申込み)
第525条　承諾の期間を定めないでした申込みは、申込者が承諾の通知を受けるのに相当な期間を経過するまでは、撤回することができない。ただし、申込者が撤回をする権利を留保したときは、この限りでない。
2　対話者に対してした前項の申込みは、同項の規定にかかわらず、その対話が継続している間は、いつでも撤回することができる。
3　対話者に対してした第1項の申込みに対して対話が継続している間に申込者が承諾の通知を受けなかったときは、その申込みは、その効力を失う。ただし、申込者が対話の終了後もその申込みが効力を失わない旨を表示したときは、この限りでない。

(承諾の期間の定めのない申込み)
第524条　承諾の期間を定めないで隔地者に対してした申込みは、申込者が承諾の通知を受けるのに相当な期間を経過するまでは、撤回することができない。

(新設)

(新設)

	(申込者の死亡又は行為能力の喪失)
(削る)	第525条　第97条第2項の規定は、申込者が反対の意思を表示した場合又はその相手方が申込者の死亡若しくは行為能力の喪失の事実を知っていた場合には、適用しない。
(申込者の死亡等)	(隔地者間の契約の成立時期)
第526条　申込者が申込みの通知を発した後に死亡し、意思能力を有しない常況にある者となり、又は行為能力の制限を受けた場合において、申込者がその事実が生じたとすればその申込みは効力を有しない旨の意思を表示していたとき、又はその相手方が承諾の通知を発するまでにその事実が生じたことを知ったときは、その申込みは、その効力を有しない。	第526条　隔地者間の契約は、承諾の通知を発した時に成立する。 2　申込者の意思表示又は取引上の慣習により承諾の通知を必要としない場合には、契約は、承諾の意思表示と認めるべき事実があった時に成立する。
(承諾の通知を必要としない場合における契約の成立時期)	(申込みの撤回の通知の延着)
第527条　申込者の意思表示又は取引上の慣習により承諾の通知を必要としない場合には、契約は、承諾の意思表示と認めるべき事実があった時に成立する。	第527条　申込みの撤回の通知が承諾の通知を発した後に到達した場合であっても、通常の場合にはその前に到達すべき時に発送したものであることを知ることができるときは、承諾者は、遅滞なく、申込者に対してその延着の通知を発しなければならない。 2　承諾者が前項の延着の通知を怠ったときは、契約は、成立しなかったものとみなす。
(懸賞広告)	(懸賞広告)
第529条　ある行為をした者に一定の報酬を与える旨を広告した者(以下「懸賞広告者」という。)は、その行為をした者がその広告を知っていたかどうかにかかわらず、その者に対してその報酬を与える義務を負う。	第529条　ある行為をした者に一定の報酬を与える旨を広告した者(以下この款において「懸賞広告者」という。)は、その行為をした者に対してその報酬を与える義務を負う。
(指定した行為をする期間の定めのある懸賞広告)	(新設)
第529条の2　懸賞広告者は、その指定した行為をする期間を定めてした広告を撤回することができない。ただし、その広告において撤回をする権利を留保したときは、この限りでない。 2　前項の広告は、その期間内に指定した行為を完了する者がないときは、その効力を失う。	
(指定した行為をする期間の定めのない懸賞広告)	(新設)
第529条の3　懸賞広告者は、その指定した行為を完了する者がない間は、その指定した行為をする期間を定めないでした広告を撤回することができる。ただし、その広告中に撤回をしない旨を表示したときは、この限りでない。	
(懸賞広告の撤回の方法)	(懸賞広告の撤回)
第530条　前の広告と同一の方法による広告の撤回は、これを知らない者に対しても、その効力を有する。 2　広告の撤回は、前の広告と異なる方法によって	第530条　前条の場合において、懸賞広告者は、その指定した行為を完了する者がない間は、前の広告と同一の方法によってその広告を撤回することができる。ただし、その広告中に撤回をしない旨を表示し

[左列：改正案]

も、することができる。ただし、その撤回は、これを知った者に対してのみ、その効力を有する。

（同時履行の抗弁）
第533条　双務契約の当事者の一方は、相手方がその債務の履行(債務の履行に代わる損害賠償の債務の履行を含む。)を提供するまでは、自己の債務の履行を拒むことができる。ただし、相手方の債務が弁済期にないときは、この限りでない。

第534条及び第535条　削除

（債務者の危険負担等）
第536条　当事者双方の責めに帰することができない事由によって債務を履行することができなくなったときは、債権者は、反対給付の履行を拒むことができる。
2　債権者の責めに帰すべき事由によって債務を履行することができなくなったときは、債権者は、反対給付の履行を拒むことができない。この場合において、債務者は、自己の債務を免れたことによって利益を得たときは、これを債権者に償還しなければならない。

（第三者のためにする契約）
第537条　（略）
2　前項の契約は、その成立の時に第三者が現に存しない場合又は第三者が特定していない場合であっても、そのためにその効力を妨げられない。

[右列：現行]

たときは、この限りでない。
2　前項本文に規定する方法によって撤回をすることができない場合には、他の方法によって撤回をすることができる。この場合において、その撤回は、これを知った者に対してのみ、その効力を有する。

（同時履行の抗弁）
第533条　双務契約の当事者の一方は、相手方がその債務の履行を提供するまでは、自己の債務の履行を拒むことができる。ただし、相手方の債務が弁済期にないときは、この限りでない。

（債権者の危険負担）
第534条　特定物に関する物権の設定又は移転を双務契約の目的とした場合において、その物が債務者の責めに帰することができない事由によって滅失し、又は損傷したときは、その滅失又は損傷は、債権者の負担に帰する。
2　不特定物に関する契約については、第401条第2項の規定によりその物が確定した時から、前項の規定を適用する。

（停止条件付双務契約における危険負担）
第535条　前条の規定は、停止条件付双務契約の目的物が条件の成否が未定である間に滅失した場合には、適用しない。
2　停止条件付双務契約の目的物が債務者の責めに帰することができない事由によって損傷したときは、その損傷は、債権者の負担に帰する。
3　停止条件付双務契約の目的物が債務者の責めに帰すべき事由によって損傷した場合において、条件が成就したときは、債権者は、その選択に従い、契約の履行の請求又は解除権の行使をすることができる。この場合においては、損害賠償の請求を妨げない。

（債務者の危険負担等）
第536条　前2条に規定する場合を除き、当事者双方の責めに帰することができない事由によって債務を履行することができなくなったときは、債務者は、反対給付を受ける権利を有しない。
2　債権者の責めに帰すべき事由によって債務を履行することができなくなったときは、債務者は、反対給付を受ける権利を失わない。この場合において、自己の債務を免れたことによって利益を得たときは、これを債権者に償還しなければならない。

（第三者のためにする契約）
第537条　（同左）
（新設）

3　第1項の場合において、第三者の権利は、その第三者が債務者に対して同項の契約の利益を享受する意思を表示した時に発生する。	2　前項の場合において、第三者の権利は、その第三者が債務者に対して同項の契約の利益を享受する意思を表示した時に発生する。
（第三者の権利の確定） 第538条　（略） 2　前条の規定により第三者の権利が発生した後に、債務者がその第三者に対する債務を履行しない場合には、同条第1項の契約の相手方は、その第三者の承諾を得なければ、契約を解除することができない。	（第三者の権利の確定） 第538条　（同左） （新設）
第三款　契約上の地位の移転	（新設）
第539条の2　契約の当事者の一方が第三者との間で契約上の地位を譲渡する旨の合意をした場合において、その契約の相手方がその譲渡を承諾したときは、契約上の地位は、その第三者に移転する。	（新設）
第四款　契約の解除	第三款　契約の解除
（催告による解除） 第541条　当事者の一方がその債務を履行しない場合において、相手方が相当の期間を定めてその履行の催告をし、その期間内に履行がないときは、相手方は、契約の解除をすることができる。ただし、その期間を経過した時における債務の不履行がその契約及び取引上の社会通念に照らして軽微であるときは、この限りでない。	（履行遅滞等による解除権） 第541条　当事者の一方がその債務を履行しない場合において、相手方が相当の期間を定めてその履行の催告をし、その期間内に履行がないときは、相手方は、契約の解除をすることができる。
（催告によらない解除） 第542条　次に掲げる場合には、債権者は、前条の催告をすることなく、直ちに契約の解除をすることができる。 　一　債務の全部の履行が不能であるとき。 　二　債務者がその債務の全部の履行を拒絶する意思を明確に表示したとき。 　三　債務の一部の履行が不能である場合又は債務者がその債務の一部の履行を拒絶する意思を明確に表示した場合において、残存する部分のみでは契約をした目的を達することができないとき。 　四　契約の性質又は当事者の意思表示により、特定の日時又は一定の期間内に履行をしなければ契約をした目的を達することができない場合において、債務者が履行をしないでその時期を経過したとき。 　五　前各号に掲げる場合のほか、債務者がその債務の履行をせず、債権者が前条の催告をしても契約をした目的を達するのに足りる履行がされる見込みがないことが明らかであるとき。 2　次に掲げる場合には、債権者は、前条の催告をすることなく、直ちに契約の一部の解除をすることができる。	（定期行為の履行遅滞による解除権） 第542条　契約の性質又は当事者の意思表示により、特定の日時又は一定の期間内に履行をしなければ契約をした目的を達することができない場合において、当事者の一方が履行をしないでその時期を経過したときは、相手方は、前条の催告をすることなく、直ちにその契約の解除をすることができる。

二　債務の一部の履行が不能であるとき。 三　債務者がその債務の一部の履行を拒絶する意思を明確に表示したとき。 （債権者の責めに帰すべき事由による場合） 第543条　債務の不履行が債権者の責めに帰すべき事由によるものであるときは、債権者は、前2条の規定による契約の解除をすることができない。	（履行不能による解除権） 第543条　履行の全部又は一部が不能となったときは、債権者は、契約の解除をすることができる。ただし、その債務の不履行が債務者の責めに帰することができない事由によるものであるときは、この限りでない。
（解除の効果） 第545条　（略） 2　（略） 3　第1項本文の場合において、金銭以外の物を返還するときは、その受領の時以後に生じた果実をも返還しなければならない。 4　（略）	（解除の効果） 第545条　（同左） 2　（同左） （新設） 3　（同左）
（解除権者の<u>故意による目的物の損傷等</u>による解除権の消滅） 第548条　解除権を有する者が<u>故意</u>若しくは過失によって契約の目的物を著しく損傷し、若しくは返還することができなくなったとき、又は加工若しくは改造によってこれを他の種類の物に変えたときは、解除権は、消滅する。ただし、解除権を有する者がその解除権を有することを知らなかったときは、この限りでない。 （削る）	（解除権者の<u>行為等</u>による解除権の消滅） 第548条　解除権を有する者が<u>自己の行為</u>若しくは過失によって契約の目的物を著しく損傷し、若しくは返還することができなくなったとき、又は加工若しくは改造によってこれを他の種類の物に変えたときは、解除権は、消滅する。 2　契約の目的物が解除権を有する者の行為又は過失によらないで滅失し、又は損傷したときは、解除権は、消滅しない。
第五款　定型約款	（新設）
（定型約款の合意） 第548条の2　定型取引（ある特定の者が不特定多数の者を相手方として行う取引であって、その内容の全部又は一部が画一的であることがその双方にとって合理的なものをいう。以下同じ。）を行うことの合意（次条において「定型取引合意」という。）をした者は、次に掲げる場合には、定型約款（定型取引において、契約の内容とすることを目的としてその特定の者により準備された条項の総体をいう。以下同じ。）の個別の条項についても合意をしたものとみなす。 一　定型約款を契約の内容とする旨の合意をしたとき。 二　定型約款を準備した者（以下「定型約款準備者」という。）があらかじめその定型約款を契約の内容とする旨を相手方に表示していたとき。 2　前項の規定にかかわらず、同項の条項のうち、相手方の権利を制限し、又は相手方の義務を加重する条項であって、その定型取引の態様及びその実情並	（新設）

びに取引上の社会通念に照らして第1条第2項に規定する基本原則に反して相手方の利益を一方的に害すると認められるものについては、合意をしなかったものとみなす。

（定型約款の内容の表示）
第548条の3　定型取引を行い、又は行おうとする定型約款準備者は、定型取引合意の前又は定型取引合意の後相当の期間内に相手方から請求があった場合には、遅滞なく、相当な方法でその定型約款の内容を示さなければならない。ただし、定型約款準備者が既に相手方に対して定型約款を記載した書面を交付し、又はこれを記録した電磁的記録を提供していたときは、この限りでない。
2　定型約款準備者が定型取引合意の前において前項の請求を拒んだときは、前条の規定は、適用しない。ただし、一時的な通信障害が発生した場合その他正当な事由がある場合は、この限りでない。

（新設）

（定型約款の変更）
第548条の4　定型約款準備者は、次に掲げる場合には、定型約款の変更をすることにより、変更後の定型約款の条項について合意があったものとみなし、個別に相手方と合意をすることなく契約の内容を変更することができる。
　一　定型約款の変更が、相手方の一般の利益に適合するとき。
　二　定型約款の変更が、契約をした目的に反せず、かつ、変更の必要性、変更後の内容の相当性、この条の規定により定型約款の変更をすることがある旨の定めの有無及びその内容その他の変更に係る事情に照らして合理的なものであるとき。
2　定型約款準備者は、前項の規定による定型約款の変更をするときは、その効力発生時期を定め、かつ、定型約款を変更する旨及び変更後の定型約款の内容並びにその効力発生時期をインターネットの利用その他の適切な方法により周知しなければならない。
3　第1項第2号の規定による定型約款の変更は、前項の効力発生時期が到来するまでに同項の規定による周知をしなければ、その効力を生じない。
4　第548条の2第2項の規定は、第1項の規定による定型約款の変更については、適用しない。

（新設）

（贈与）
第549条　贈与は、当事者の一方が<u>ある</u>財産を無償で相手方に与える意思を表示し、相手方が受諾をすることによって、その効力を生ずる。

（贈与）
第549条　贈与は、当事者の一方が<u>自己の</u>財産を無償で相手方に与える意思を表示し、相手方が受諾をすることによって、その効力を生ずる。

（書面によらない贈与の解除）
第550条　書面によらない贈与は、各当事者が<u>解除</u>をすることができる。ただし、履行の終わった部分については、この限りでない。

（書面によらない贈与の撤回）
第550条　書面によらない贈与は、各当事者が<u>撤回</u>をすることができる。ただし、履行の終わった部分については、この限りでない。

改正案	現行
(贈与者の引渡義務等) 第551条　贈与者は、贈与の目的である物又は権利を、贈与の目的として特定した時の状態で引き渡し、又は移転することを約したものと推定する。 2　(略)	(贈与者の担保責任) 第551条　贈与者は、贈与の目的である物又は権利の瑕疵又は不存在について、その責任を負わない。ただし、贈与者がその瑕疵又は不存在を知りながら受贈者に告げなかったときは、この限りでない。 2　(同左)
(手付) 第557条　買主が売主に手付を交付したときは、買主はその手付を放棄し、売主はその倍額を現実に提供して、契約の解除をすることができる。ただし、その相手方が契約の履行に着手した後は、この限りでない。 2　第545条第4項の規定は、前項の場合には、適用しない。	(手付) 第557条　買主が売主に手付を交付したときは、当事者の一方が契約の履行に着手するまでは、買主はその手付を放棄し、売主はその倍額を償還して、契約の解除をすることができる。 2　第545条第3項の規定は、前項の場合には、適用しない。
(権利移転の対抗要件に係る売主の義務) 第560条　売主は、買主に対し、登記、登録その他の売買の目的である権利の移転についての対抗要件を備えさせる義務を負う。	(他人の権利の売買における売主の義務) 第560条　他人の権利を売買の目的としたときは、売主は、その権利を取得して買主に移転する義務を負う。
(他人の権利の売買における売主の義務) 第561条　他人の権利(権利の一部が他人に属する場合におけるその権利の一部を含む。)を売買の目的としたときは、売主は、その権利を取得して買主に移転する義務を負う。	(他人の権利の売買における売主の担保責任) 第561条　前条の場合において、売主がその売却した権利を取得して買主に移転することができないときは、買主は、契約の解除をすることができる。この場合において、契約の時においてその権利が売主に属しないことを知っていたときは、損害賠償の請求をすることができない。
(買主の追完請求権) 第562条　引き渡された目的物が種類、品質又は数量に関して契約の内容に適合しないものであるときは、買主は、売主に対し、目的物の修補、代替物の引渡し又は不足分の引渡しによる履行の追完を請求することができる。ただし、売主は、買主に不相当な負担を課するものでないときは、買主が請求した方法と異なる方法による履行の追完をすることができる。 2　前項の不適合が買主の責めに帰すべき事由によるものであるときは、買主は、同項の規定による履行の追完の請求をすることができない。	(他人の権利の売買における善意の売主の解除権) 第562条　売主が契約の時においてその売却した権利が自己に属しないことを知らなかった場合において、その権利を取得して買主に移転することができないときは、売主は、損害を賠償して、契約の解除をすることができる。 2　前項の場合において、買主が契約の時においてその買い受けた権利が売主に属しないことを知っていたときは、売主は、買主に対し、単にその売却した権利を移転することができない旨を通知して、契約の解除をすることができる。
(買主の代金減額請求権) 第563条　前条第1項本文に規定する場合において、買主が相当の期間を定めて履行の追完の催告をし、その期間内に履行の追完がないときは、買主は、その不適合の程度に応じて代金の減額を請求することができる。 2　前項の規定にかかわらず、次に掲げる場合には、買主は、同項の催告をすることなく、直ちに代金の減額を請求することができる。 一　履行の追完が不能であるとき。	(権利の一部が他人に属する場合における売主の担保責任) 第563条　売買の目的である権利の一部が他人に属することにより、売主がこれを買主に移転することができないときは、買主は、その不足する部分の割合に応じて代金の減額を請求することができる。 2　前項の場合において、残存する部分のみであれば買主がこれを買い受けなかったときは、善意の買主は、契約の解除をすることができる。 3　代金減額の請求又は契約の解除は、善意の買主が損害賠償の請求をすることを妨げない。

二　売主が履行の追完を拒絶する意思を明確に表示したとき。
三　契約の性質又は当事者の意思表示により、特定の日時又は一定の期間内に履行をしなければ契約をした目的を達することができない場合において、売主が履行の追完をしないでその時期を経過したとき。
四　前3号に掲げる場合のほか、買主が前項の催告をしても履行の追完を受ける見込みがないことが明らかであるとき。
3　第1項の不適合が買主の責めに帰すべき事由によるものであるときは、買主は、前2項の規定による代金の減額の請求をすることができない。

（買主の損害賠償請求及び解除権の行使）
第564条　前2条の規定は、第415条の規定による損害賠償の請求並びに第541条及び第542条の規定による解除権の行使を妨げない。

（移転した権利が契約の内容に適合しない場合における売主の担保責任）
第565条　前3条の規定は、売主が買主に移転した権利が契約の内容に適合しないものである場合（権利の一部が他人に属する場合においてその権利の一部を移転しないときを含む。）について準用する。

（目的物の種類又は品質に関する担保責任の期間の制限）
第566条　売主が種類又は品質に関して契約の内容に適合しない目的物を買主に引き渡した場合において、買主がその不適合を知った時から1年以内にその旨を売主に通知しないときは、買主は、その不適合を理由として、履行の追完の請求、代金の減額の請求、損害賠償の請求及び契約の解除をすることができない。ただし、売主が引渡しの時にその不適合を知り、又は重大な過失によって知らなかったときは、この限りでない。

（目的物の滅失等についての危険の移転）
第567条　売主が買主に目的物（売買の目的として特定したものに限る。以下この条において同じ。）を引き渡した場合において、その引渡しがあった時以後にその目的物が当事者双方の責めに帰することができない事由によって滅失し、又は損傷したときは、買主は、その滅失又は損傷を理由として、履行の追完の請求、代金の減額の請求、損害賠償の請求及び契約の解除をすることができない。この場合におい

第564条　前条の規定による権利は、買主が善意であったときは事実を知った時から、悪意であったときは契約の時から、それぞれ1年以内に行使しなければならない。

（数量の不足又は物の一部滅失の場合における売主の担保責任）
第565条　前2条の規定は、数量を指示して売買をした物に不足がある場合又は物の一部が契約の時に既に滅失していた場合において、買主がその不足又は滅失を知らなかったときについて準用する。

（地上権等がある場合等における売主の担保責任）
第566条　売買の目的物が地上権、永小作権、地役権、留置権又は質権の目的である場合において、買主がこれを知らず、かつ、そのために契約をした目的を達することができないときは、買主は、契約の解除をすることができる。この場合において、契約の解除をすることができないときは、損害賠償の請求のみをすることができる。
2　前項の規定は、売買の目的である不動産のために存すると称した地役権が存しなかった場合及びその不動産について登記をした賃貸借があった場合について準用する。
3　前2項の場合において、契約の解除又は損害賠償の請求は、買主が事実を知った時から1年以内にしなければならない。

（抵当権等がある場合における売主の担保責任）
第567条　売買の目的である不動産について存した先取特権又は抵当権の行使により買主がその所有権を失ったときは、買主は、契約の解除をすることができる。
2　買主は、費用を支出してその所有権を保存したときは、売主に対し、その費用の償還を請求することができる。
3　前2項の場合において、買主は、損害を受けたと

新	旧
て、買主は、代金の支払を拒むことができない。 2　売主が契約の内容に適合する目的物をもって、その引渡しの債務の履行を提供したにもかかわらず、買主がその履行を受けることを拒み、又は受けることができない場合において、その履行の提供があった時以後に当事者双方の責めに帰することができない事由によってその目的物が滅失し、又は損傷したときも、前項と同様とする。	きは、その賠償を請求することができる。
(競売における担保責任等) 第568条　民事執行法その他の法律の規定に基づく競売(以下この条において単に「競売」という。)における買受人は、第541条及び第542条の規定並びに第563条(第565条において準用する場合を含む。)の規定により、債務者に対し、契約の解除をし、又は代金の減額を請求することができる。 2・3　(略) 4　前3項の規定は、競売の目的物の種類又は品質に関する不適合については、適用しない。	(強制競売における担保責任) 第568条　強制競売における買受人は、第561条から前条までの規定により、債務者に対し、契約の解除をし、又は代金の減額を請求することができる。 2・3　(同左) (新設)
(抵当権等がある場合の買主による費用の償還請求) 第570条　買い受けた不動産について契約の内容に適合しない先取特権、質権又は抵当権が存していた場合において、買主が費用を支出してその不動産の所有権を保存したときは、買主は、売主に対し、その費用の償還を請求することができる。	(売主の瑕疵担保責任) 第570条　売買の目的物に隠れた瑕疵があったときは、第566条の規定を準用する。ただし、強制競売の場合は、この限りでない。
第571条　削除	(売主の担保責任と同時履行) 第571条　第533条の規定は、第563条から第566条まで及び前条の場合について準用する。
(担保責任を負わない旨の特約) 第572条　売主は、第562条第1項本文又は第565条に規定する場合における担保の責任を負わない旨の特約をしたときであっても、知りながら告げなかった事実及び自ら第三者のために設定し又は第三者に譲り渡した権利については、その責任を免れることができない。	(担保責任を負わない旨の特約) 第572条　売主は、第560条から前条までの規定による担保の責任を負わない旨の特約をしたときであっても、知りながら告げなかった事実及び自ら第三者のために設定し又は第三者に譲り渡した権利については、その責任を免れることができない。
(権利を取得することができない等のおそれがある場合の買主による代金の支払の拒絶) 第576条　売買の目的について権利を主張する者があることその他の事由により、買主がその買い受けた権利の全部若しくは一部を取得することができず、又は失うおそれがあるときは、買主は、その危険の程度に応じて、代金の全部又は一部の支払を拒むことができる。ただし、売主が相当の担保を供したときは、この限りでない。	(権利を失うおそれがある場合の買主による代金の支払の拒絶) 第576条　売買の目的について権利を主張する者があるために買主がその買い受けた権利の全部又は一部を失うおそれがあるときは、買主は、その危険の限度に応じて、代金の全部又は一部の支払を拒むことができる。ただし、売主が相当の担保を供したときは、この限りでない。
(抵当権等の登記がある場合の買主による代金の支払の拒絶) 第577条　買い受けた不動産について契約の内容に適合しない抵当権の登記があるときは、買主は、抵当	(抵当権等の登記がある場合の買主による代金の支払の拒絶) 第577条　買い受けた不動産について抵当権の登記があるときは、買主は、抵当権消滅請求の手続が終わ

改正後	改正前
権消滅請求の手続が終わるまで、その代金の支払を拒むことができる。この場合において、売主は、買主に対し、遅滞なく抵当権消滅請求をすべき旨を請求することができる。 2　前項の規定は、買い受けた不動産について<u>契約の内容に適合しない</u>先取特権又は質権の登記がある場合について準用する。	るまで、その代金の支払を拒むことができる。この場合において、売主は、買主に対し、遅滞なく抵当権消滅請求をすべき旨を請求することができる。 2　前項の規定は、買い受けた不動産について先取特権又は質権の登記がある場合について準用する。
（買戻しの特約） 第579条　不動産の売主は、売買契約と同時にした買戻しの特約により、買主が支払った代金<u>（別段の合意をした場合にあっては、その合意により定めた金額。第583条第１項において同じ。）</u>及び契約の費用を返還して、売買の解除をすることができる。この場合において、当事者が別段の意思を表示しなかったときは、不動産の果実と代金の利息とは相殺したものとみなす。	（買戻しの特約） 第579条　不動産の売主は、売買契約と同時にした買戻しの特約により、買主が支払った代金及び契約の費用を返還して、売買の解除をすることができる。この場合において、当事者が別段の意思を表示しなかったときは、不動産の果実と代金の利息とは相殺したものとみなす。
（買戻しの特約の対抗力） 第581条　売買契約と同時に買戻しの特約を登記したときは、買戻しは、第三者に対抗することができ<u>る</u>。 2　<u>前項の登記がされた後に第605条の２第１項に規定する対抗要件を備えた</u>賃借人の権利は、その残存期間中１年を超えない期間に限り、売主に対抗することができる。ただし、売主を害する目的で賃貸借をしたときは、この限りでない。	（買戻しの特約の対抗力） 第581条　売買契約と同時に買戻しの特約を登記したときは、買戻しは、第三者に対しても、その効力を生ずる。 2　登記をした賃借人の権利は、その残存期間中１年を超えない期間に限り、売主に対抗することができる。ただし、売主を害する目的で賃貸借をしたときは、この限りでない。
<u>（書面でする消費貸借等）</u> <u>第587条の２　前条の規定にかかわらず、書面でする消費貸借は、当事者の一方が金銭その他の物を引き渡すことを約し、相手方がその受け取った物と種類、品質及び数量の同じ物をもって返還をすることを約することによって、その効力を生ずる。</u> <u>2　書面でする消費貸借の借主は、貸主から金銭その他の物を受け取るまで、契約の解除をすることができる。この場合において、貸主は、その契約の解除によって損害を受けたときは、借主に対し、その賠償を請求することができる。</u> <u>3　書面でする消費貸借は、借主が貸主から金銭その他の物を受け取る前に当事者の一方が破産手続開始の決定を受けたときは、その効力を失う。</u> <u>4　消費貸借がその内容を記録した電磁的記録によってされたときは、その消費貸借は、書面によってされたものとみなして、前３項の規定を適用する。</u>	（新設）
（準消費貸借） 第588条　金銭その他の物を給付する義務を負う者がある場合において、当事者がその物を消費貸借の目的とすることを約したときは、消費貸借は、これによって成立したものとみなす。	（準消費貸借） 第588条　<u>消費貸借によらないで</u>金銭その他の物を給付する義務を負う者がある場合において、当事者がその物を消費貸借の目的とすることを約したときは、消費貸借は、これによって成立したものとみなす。

(利息)
第589条　貸主は、特約がなければ、借主に対して利息を請求することができない。
2　前項の特約があるときは、貸主は、借主が金銭その他の物を受け取った日以後の利息を請求することができる。

(貸主の引渡義務等)
第590条　第551条の規定は、前条第１項の特約のない消費貸借について準用する。
2　前条第１項の特約の有無にかかわらず、貸主から引き渡された物が種類又は品質に関して契約の内容に適合しないものであるときは、借主は、その物の価額を返還することができる。

(返還の時期)
第591条　(略)
2　借主は、返還の時期の定めの有無にかかわらず、いつでも返還をすることができる。
3　当事者が返還の時期を定めた場合において、貸主は、借主がその時期の前に返還をしたことによって損害を受けたときは、借主に対し、その賠償を請求することができる。

(使用貸借)
第593条　使用貸借は、当事者の一方がある物を引き渡すことを約し、相手方がその受け取った物について無償で使用及び収益をして契約が終了したときに返還をすることを約することによって、その効力を生ずる。

(借用物受取り前の貸主による使用貸借の解除)
第593条の２　貸主は、借主が借用物を受け取るまで、契約の解除をすることができる。ただし、書面による使用貸借については、この限りでない。

(貸主の引渡義務等)
第596条　(略)

(期間満了等による使用貸借の終了)
第597条　当事者が使用貸借の期間を定めたときは、使用貸借は、その期間が満了することによって終了する。
2　当事者が使用貸借の期間を定めなかった場合において、使用及び収益の目的を定めたときは、使用貸借は、借主がその目的に従い使用及び収益を終えることによって終了する。
3　使用貸借は、借主の死亡によって終了する。

(消費貸借の予約と破産手続の開始)
第589条　消費貸借の予約は、その後に当事者の一方が破産手続開始の決定を受けたときは、その効力を失う。

(貸主の担保責任)
第590条　利息付きの消費貸借において、物に隠れた瑕疵があったときは、貸主は、瑕疵がない物をもってこれに代えなければならない。この場合においては、損害賠償の請求を妨げない。
2　無利息の消費貸借においては、借主は、瑕疵がある物の価額を返還することができる。この場合において、貸主がその瑕疵を知りながら借主に告げなかったときは、前項の規定を準用する。

(返還の時期)
第591条　(同左)
2　借主は、いつでも返還をすることができる。

(新設)

(使用貸借)
第593条　使用貸借は、当事者の一方が無償で使用及び収益をした後に返還をすることを約して相手方からある物を受け取ることによって、その効力を生ずる。

(新設)

(貸主の担保責任)
第596条　(同左)

(借用物の返還の時期)
第597条　借主は、契約に定めた時期に、借用物の返還をしなければならない。
2　当事者が返還の時期を定めなかったときは、借主は、契約に定めた目的に従い使用及び収益を終わった時に、返還をしなければならない。ただし、その使用及び収益を終わる前であっても、使用及び収益をするのに足りる期間を経過したときは、貸主は、直ちに返還を請求することができる。
3　当事者が返還の時期並びに使用及び収益の目的を定めなかったときは、貸主は、いつでも返還を請求することができる。

（使用貸借の解除） 第598条　貸主は、前条第2項に規定する場合において、同項の目的に従い借主が使用及び収益をするのに足りる期間を経過したときは、契約の解除をすることができる。 2　当事者が使用貸借の期間並びに使用及び収益の目的を定めなかったときは、貸主は、いつでも契約の解除をすることができる。 3　借主は、いつでも契約の解除をすることができる。	（借主による収去） 第598条　借主は、借用物を原状に復して、これに附属させた物を収去することができる。
（借主による収去等） 第599条　借主は、借用物を受け取った後にこれに附属させた物がある場合において、使用貸借が終了したときは、その附属させた物を収去する義務を負う。ただし、借用物から分離することができない物又は分離するのに過分の費用を要する物については、この限りでない。 2　借主は、借用物を受け取った後にこれに附属させた物を収去することができる。 3　借主は、借用物を受け取った後にこれに生じた損傷がある場合において、使用貸借が終了したときは、その損傷を原状に復する義務を負う。ただし、その損傷が借主の責めに帰することができない事由によるものであるときは、この限りでない。	（借主の死亡による使用貸借の終了） 第599条　使用貸借は、借主の死亡によって、その効力を失う。
（損害賠償及び費用の償還の請求権についての期間の制限） 第600条　（略） 2　前項の損害賠償の請求権については、貸主が返還を受けた時から1年を経過するまでの間は、時効は、完成しない。	（損害賠償及び費用の償還の請求権についての期間の制限） 第600条　（同左） （新設）
（賃貸借） 第601条　賃貸借は、当事者の一方がある物の使用及び収益を相手方にさせることを約し、相手方がこれに対してその賃料を支払うこと及び引渡しを受けた物を契約が終了したときに返還することを約することによって、その効力を生ずる。	（賃貸借） 第601条　賃貸借は、当事者の一方がある物の使用及び収益を相手方にさせることを約し、相手方がこれに対してその賃料を支払うことを約することによって、その効力を生ずる。
（短期賃貸借） 第602条　処分の権限を有しない者が賃貸借をする場合には、次の各号に掲げる賃貸借は、それぞれ当該各号に定める期間を超えることができない。契約でこれより長い期間を定めたときであっても、その期間は、当該各号に定める期間とする。 一～四　（略）	（短期賃貸借） 第602条　処分につき行為能力の制限を受けた者又は処分の権限を有しない者が賃貸借をする場合には、次の各号に掲げる賃貸借は、それぞれ当該各号に定める期間を超えることができない。 一～四　（同左）
（賃貸借の存続期間） 第604条　賃貸借の存続期間は、50年を超えることができない。契約でこれより長い期間を定めたときであっても、その期間は、50年とする。 2　賃貸借の存続期間は、更新することができる。た	（賃貸借の存続期間） 第604条　賃貸借の存続期間は、20年を超えることができない。契約でこれより長い期間を定めたときであっても、その期間は、20年とする。 2　賃貸借の存続期間は、更新することができる。た

だし、その期間は、更新の時から50年を超えることができない。	だし、その期間は、更新の時から20年を超えることができない。
(不動産賃貸借の対抗力) 第605条　不動産の賃貸借は、これを登記したときは、その不動産について物権を取得した者その他の第三者に対抗することができる。	(不動産賃貸借の対抗力) 第605条　不動産の賃貸借は、これを登記したときは、その後その不動産について物権を取得した者に対しても、その効力を生ずる。
(不動産の賃貸人たる地位の移転) 第605条の2　前条、借地借家法(平成3年法律第90号)第10条又は第31条その他の法令の規定による賃貸借の対抗要件を備えた場合において、その不動産が譲渡されたときは、その不動産の賃貸人たる地位は、その譲受人に移転する。 2　前項の規定にかかわらず、不動産の譲渡人及び譲受人が、賃貸人たる地位を譲渡人に留保する旨及びその不動産を譲受人が譲渡人に賃貸する旨の合意をしたときは、賃貸人たる地位は、譲受人に移転しない。この場合において、譲渡人と譲受人又はその承継人との間の賃貸借が終了したときは、譲渡人に留保されていた賃貸人たる地位は、譲受人又はその承継人に移転する。 3　第1項又は前項後段の規定による賃貸人たる地位の移転は、賃貸物である不動産について所有権の移転の登記をしなければ、賃借人に対抗することができない。 4　第1項又は第2項後段の規定により賃貸人たる地位が譲受人又はその承継人に移転したときは、第608条の規定による費用の償還に係る債務及び第622条の2第1項の規定による同項に規定する敷金の返還に係る債務は、譲受人又はその承継人が承継する。	(新設)
(合意による不動産の賃貸人たる地位の移転) 第605条の3　不動産の譲渡人が賃貸人であるときは、その賃貸人たる地位は、賃借人の承諾を要しないで、譲渡人と譲受人との合意により、譲受人に移転させることができる。この場合においては、前条第3項及び第4項の規定を準用する。	(新設)
(不動産の賃借人による妨害の停止の請求等) 第605条の4　不動産の賃借人は、第605条の2第1項に規定する対抗要件を備えた場合において、次の各号に掲げるときは、それぞれ当該各号に定める請求をすることができる。 一　その不動産の占有を第三者が妨害しているとき　その第三者に対する妨害の停止の請求 二　その不動産を第三者が占有しているとき　その第三者に対する返還の請求	(新設)
(賃貸人による修繕等) 第606条　賃貸人は、賃貸物の使用及び収益に必要な修繕をする義務を負う。ただし、賃借人の責めに帰	(賃貸物の修繕等) 第606条　賃貸人は、賃貸物の使用及び収益に必要な修繕をする義務を負う。

すべき事由によってその修繕が必要となったときは、この限りでない。	
2 （略）	2 （同左）
(賃借人による修繕)	
<u>第607条の2　賃借物の修繕が必要である場合において、次に掲げるときは、賃借人は、その修繕をすることができる。</u>	(新設)
<u>一　賃借人が賃貸人に修繕が必要である旨を通知し、又は賃貸人がその旨を知ったにもかかわらず、賃貸人が相当の期間内に必要な修繕をしないとき。</u>	
<u>二　急迫の事情があるとき。</u>	
(減収による賃料の減額請求)	(減収による賃料の減額請求)
第609条　耕作又は牧畜を目的とする土地の賃借人は、不可抗力によって賃料より少ない収益を得たときは、その収益の額に至るまで、賃料の減額を請求することができる。	第609条　<u>収益を目的とする</u>土地の賃借人は、不可抗力によって賃料より少ない収益を得たときは、その収益の額に至るまで、賃料の減額を請求することができる。<u>ただし、宅地の賃貸借については、この限りでない。</u>
(賃借物の一部<u>滅失等</u>による賃料の減額<u>等</u>)	(賃借物の一部滅失による賃料の減額請求等)
第611条　<u>賃借物の一部が滅失その他の事由により使用及び収益をすることができなくなった場合において、それが賃借人の責めに帰することができない事由によるものであるときは、賃料は、その使用及び収益をすることができなくなった部分の割合に応じて、減額される。</u>	第611条　賃借物の一部が賃借人の過失によらないで滅失したときは、賃借人は、その滅失した部分の割合に応じて、賃料の減額を請求することができる。
2　<u>賃借物の一部が滅失その他の事由により使用及び収益をすることができなくなった場合において、残</u>存する部分のみでは賃借人が賃借をした目的を達することができないときは、賃借人は、契約の解除をすることができる。	2　前項の場合において、残存する部分のみでは賃借人が賃借をした目的を達することができないときは、賃借人は、契約の解除をすることができる。
(転貸の効果)	(転貸の効果)
第613条　賃借人が適法に賃借物を転貸したときは、転借人は、<u>賃貸人と賃借人との間の賃貸借に基づく賃借人の債務の範囲を限度として、</u>賃貸人に対して<u>転貸借に基づく債務を直接履行する</u>義務を負う。この場合においては、賃料の前払をもって賃貸人に対抗することができない。	第613条　賃借人が適法に賃借物を転貸したときは、転借人は、賃貸人に対して直接に義務を負う。この場合においては、賃料の前払をもって賃貸人に対抗することができない。
2　（略）	2　（同左）
<u>3　賃借人が適法に賃借物を転貸した場合には、賃貸人は、賃借人との間の賃貸借を合意により解除したことをもって転借人に対抗することができない。ただし、その解除の当時、賃貸人が賃借人の債務不履行による解除権を有していたときは、この限りでない。</u>	(新設)
(賃借人による使用及び収益)	(使用貸借の規定の準用)
第616条　第594条第1項の規定は、賃貸借について準用する。	第616条　第594条第1項、<u>第597条第1項及び第598条</u>の規定は、賃貸借について準用する。

新	旧
(賃借物の全部滅失等による賃貸借の終了) 第616条の2　賃借物の全部が滅失その他の事由により使用及び収益をすることができなくなった場合には、賃貸借は、これによって終了する。	(新設)
(賃貸借の更新の推定等) 第619条　(略) 2　従前の賃貸借について当事者が担保を供していたときは、その担保は、期間の満了によって消滅する。ただし、<u>第622条の2第1項に規定する敷金</u>については、この限りでない。	(賃貸借の更新の推定等) 第619条　(同左) 2　従前の賃貸借について当事者が担保を供していたときは、その担保は、期間の満了によって消滅する。ただし、敷金については、この限りでない。
(賃貸借の解除の効力) 第620条　賃貸借の解除をした場合には、その解除は、将来に向かってのみその効力を生ずる。この場合においては、損害賠償の請求を妨げない。	(賃貸借の解除の効力) 第620条　賃貸借の解除をした場合には、その解除は、将来に向かってのみその効力を生ずる。この場合において、<u>当事者の一方に過失があったときは、その者に対する</u>損害賠償の請求を妨げない。
<u>(賃借人の原状回復義務)</u> <u>第621条　賃借人は、賃借物を受け取った後にこれに生じた損傷(通常の使用及び収益によって生じた賃借物の損耗並びに賃借物の経年変化を除く。以下この条において同じ。)がある場合において、賃貸借が終了したときは、その損傷を原状に復する義務を負う。ただし、その損傷が賃借人の責めに帰することができない事由によるものであるときは、この限りでない。</u>	(損害賠償及び費用の償還の請求権についての期間の制限) 第621条　第600条の規定は、賃貸借について準用する。
(使用貸借の規定の準用) 第622条　第597条第1項、第599条第1項及び第2項並びに第600条の規定は、賃貸借について準用する。	第622条　削除
第四款　敷金 第622条の2　賃貸人は、敷金(いかなる名目によるかを問わず、賃料債務その他の賃貸借に基づいて生ずる賃借人の賃貸人に対する金銭の給付を目的とする債務を担保する目的で、賃借人が賃貸人に交付する金銭をいう。以下この条において同じ。)を受け取っている場合において、次に掲げるときは、賃借人に対し、その受け取った敷金の額から賃貸借に基づいて生じた賃借人の賃貸人に対する金銭の給付を目的とする債務の額を控除した残額を返還しなければならない。 一　賃貸借が終了し、かつ、賃貸物の返還を受けたとき。 二　賃借人が適法に賃借権を譲り渡したとき。 2　賃貸人は、賃借人が賃貸借に基づいて生じた金銭の給付を目的とする債務を履行しないときは、敷金をその債務の弁済に充てることができる。この場合において、賃借人は、賃貸人に対し、敷金をその債務の弁済に充てることを請求することができない。	(新設) (新設)

（履行の割合に応じた報酬） 第624条の2　労働者は、次に掲げる場合には、既にした履行の割合に応じて報酬を請求することができる。 一　使用者の責めに帰することができない事由によって労働に従事することができなくなったとき。 二　雇用が履行の中途で終了したとき。	（新設）
（期間の定めのある雇用の解除） 第626条　雇用の期間が5年を超え、又はその終期が不確定であるときは、当事者の一方は、5年を経過した後、いつでも契約の解除をすることができる。 2　前項の規定により契約の解除をしようとする者は、それが使用者であるときは3箇月前、労働者であるときは2週間前に、その予告をしなければならない。	（期間の定めのある雇用の解除） 第626条　雇用の期間が5年を超え、又は雇用が当事者の一方若しくは第三者の終身の間継続すべきときは、当事者の一方は、5年を経過した後、いつでも契約の解除をすることができる。ただし、この期間は、商工業の見習を目的とする雇用については、10年とする。 2　前項の規定により契約の解除をしようとするときは、3箇月前にその予告をしなければならない。
（期間の定めのない雇用の解約の申入れ） 第627条　（略） 2　期間によって報酬を定めた場合には、使用者からの解約の申入れは、次期以後についてすることができる。ただし、その解約の申入れは、当期の前半にしなければならない。 3　（略）	（期間の定めのない雇用の解約の申入れ） 第627条　（同左） 2　期間によって報酬を定めた場合には、解約の申入れは、次期以後についてすることができる。ただし、その解約の申入れは、当期の前半にしなければならない。 3　（同左）
（注文者が受ける利益の割合に応じた報酬） 第634条　次に掲げる場合において、請負人が既にした仕事の結果のうち可分な部分の給付によって注文者が利益を受けるときは、その部分を仕事の完成とみなす。この場合において、請負人は、注文者が受ける利益の割合に応じて報酬を請求することができる。 一　注文者の責めに帰することができない事由によって仕事を完成することができなくなったとき。 二　請負が仕事の完成前に解除されたとき。	（請負人の担保責任） 第634条　仕事の目的物に瑕疵があるときは、注文者は、請負人に対し、相当の期間を定めて、その瑕疵の修補を請求することができる。ただし、瑕疵が重要でない場合において、その修補に過分の費用を要するときは、この限りでない。 2　注文者は、瑕疵の修補に代えて、又はその修補とともに、損害賠償の請求をすることができる。この場合においては、第533条の規定を準用する。
第635条　削除	第635条　仕事の目的物に瑕疵があり、そのために契約をした目的を達することができないときは、注文者は、契約の解除をすることができる。ただし、建物その他の土地の工作物については、この限りでない。
（請負人の担保責任の制限） 第636条　請負人が種類又は品質に関して契約の内容に適合しない仕事の目的物を注文者に引き渡したとき（その引渡しを要しない場合にあっては、仕事が終了した時に仕事の目的物が種類又は品質に関して契約の内容に適合しないとき）は、注文者は、注文	（請負人の担保責任に関する規定の不適用） 第636条　前2条の規定は、仕事の目的物の瑕疵が注文者の供した材料の性質又は注文者の与えた指図によって生じたときは、適用しない。ただし、請負人がその材料又は指図が不適当であることを知りながら告げなかったときは、この限りでない。

新	旧
者の供した材料の性質又は注文者の与えた指図によって生じた不適合を理由として、履行の追完の請求、報酬の減額の請求、損害賠償の請求及び契約の解除をすることができない。ただし、請負人がその材料又は指図が不適当であることを知りながら告げなかったときは、この限りでない。 （目的物の種類又は品質に関する担保責任の期間の制限） 第637条　前条本文に規定する場合において、注文者がその不適合を知った時から一年以内にその旨を請負人に通知しないときは、注文者は、その不適合を理由として、履行の追完の請求、報酬の減額の請求、損害賠償の請求及び契約の解除をすることができない。 2　前項の規定は、仕事の目的物を注文者に引き渡した時（その引渡しを要しない場合にあっては、仕事が終了した時）において、請負人が同項の不適合を知り、又は重大な過失によって知らなかったときは、適用しない。 第638条から第640条まで　削除	（請負人の担保責任の存続期間） 第637条　前3条の規定による瑕疵の修補又は損害賠償の請求及び契約の解除は、仕事の目的物を引き渡した時から1年以内にしなければならない。 2　仕事の目的物の引渡しを要しない場合には、前項の期間は、仕事が終了した時から起算する。 第638条　建物その他の土地の工作物の請負人は、その工作物又は地盤の瑕疵について、引渡しの後五年間その担保の責任を負う。ただし、この期間は、石造、土造、れんが造、コンクリート造、金属造その他これらに類する構造の工作物については、10年とする。 2　工作物が前項の瑕疵によって滅失し、又は損傷したときは、注文者は、その滅失又は損傷の時から1年以内に、第634条の規定による権利を行使しなければならない。 （担保責任の存続期間の伸長） 第639条　第637条及び前条第1項の期間は、第167条の規定による消滅時効の期間内に限り、契約で伸長することができる。 （担保責任を負わない旨の特約） 第640条　請負人は、第634条又は第635条の規定による担保の責任を負わない旨の特約をしたときであっても、知りながら告げなかった事実については、その責任を免れることができない。
（注文者についての破産手続の開始による解除） 第642条　注文者が破産手続開始の決定を受けたときは、請負人又は破産管財人は、契約の解除をすることができる。ただし、請負人による契約の解除については、仕事を完成した後は、この限りでない。 2　前項に規定する場合において、請負人は、既にした仕事の報酬及びその中に含まれていない費用について、破産財団の配当に加入することができる。 3　第1項の場合には、契約の解除によって生じた損害の賠償は、破産管財人が契約の解除をした場合における請負人に限り、請求することができる。この	（注文者についての破産手続の開始による解除） 第642条　注文者が破産手続開始の決定を受けたときは、請負人又は破産管財人は、契約の解除をすることができる。この場合において、請負人は、既にした仕事の報酬及びその中に含まれていない費用について、破産財団の配当に加入することができる。 （新設） 2　前項の場合には、契約の解除によって生じた損害の賠償は、破産管財人が契約の解除をした場合における請負人に限り、請求することができる。この場

場合において、請負人は、その損害賠償について、破産財団の配当に加入する。	合において、請負人は、その損害賠償について、破産財団の配当に加入する。
(復受任者の選任等) 第644条の2　受任者は、委任者の許諾を得たとき、又はやむを得ない事由があるときでなければ、復受任者を選任することができない。 2　代理権を付与する委任において、受任者が代理権を有する復受任者を選任したときは、復受任者は、委任者に対して、その権限の範囲内において、受任者と同一の権利を有し、義務を負う。	(新設)
(受任者の報酬) 第648条　(略) 2　(略) 3　受任者は、次に掲げる場合には、既にした履行の割合に応じて報酬を請求することができる。 　一　委任者の責めに帰することができない事由によって委任事務の履行をすることができなくなったとき。 　二　委任が履行の中途で終了したとき。	(受任者の報酬) 第648条　(同左) 2　(同左) 3　委任が受任者の責めに帰することができない事由によって履行の中途で終了したときは、受任者は、既にした履行の割合に応じて報酬を請求することができる。
(成果等に対する報酬) 第648条の2　委任事務の履行により得られる成果に対して報酬を支払うことを約した場合において、その成果が引渡しを要するときは、報酬は、その成果の引渡しと同時に、支払わなければならない。 2　第634条の規定は、委任事務の履行により得られる成果に対して報酬を支払うことを約した場合について準用する。	(新設)
(委任の解除) 第651条　(略) 2　前項の規定により委任の解除をした者は、次に掲げる場合には、相手方の損害を賠償しなければならない。ただし、やむを得ない事由があったときは、この限りでない。 　一　相手方に不利な時期に委任を解除したとき。 　二　委任者が受任者の利益(専ら報酬を得ることによるものを除く。)をも目的とする委任を解除したとき。	(委任の解除) 第651条　(同左) 2　当事者の一方が相手方に不利な時期に委任の解除をしたときは、その当事者の一方は、相手方の損害を賠償しなければならない。ただし、やむを得ない事由があったときは、この限りでない。
(寄託) 第657条　寄託は、当事者の一方がある物を保管することを相手方に委託し、相手方がこれを承諾することによって、その効力を生ずる。	(寄託) 第657条　寄託は、当事者の一方が相手方のために保管をすることを約してある物を受け取ることによって、その効力を生ずる。
(寄託物受取り前の寄託者による寄託の解除等) 第657条の2　寄託者は、受寄者が寄託物を受け取るまで、契約の解除をすることができる。この場合において、受寄者は、その契約の解除によって損害を受けたときは、寄託者に対し、その賠償を請求することができる。	(新設)

改正案	現行
2　無報酬の受寄者は、寄託物を受け取るまで、契約の解除をすることができる。ただし、書面による寄託については、この限りでない。 3　受寄者(無報酬で寄託を受けた場合にあっては、書面による寄託の受寄者に限る。)は、寄託物を受け取るべき時期を経過したにもかかわらず、寄託者が寄託物を引き渡さない場合において、相当の期間を定めてその引渡しの催告をし、その期間内に引渡しがないときは、契約の解除をすることができる。	
(寄託物の使用及び第三者による保管) 第658条　受寄者は、寄託者の承諾を得なければ、寄託物を使用することができない。 2　受寄者は、寄託者の承諾を得たとき、又はやむを得ない事由があるときでなければ、寄託物を第三者に保管させることができない。 3　再受寄者は、寄託者に対して、その権限の範囲内において、受寄者と同一の権利を有し、義務を負う。	(寄託物の使用及び第三者による保管) 第658条　受寄者は、寄託者の承諾を得なければ、寄託物を使用し、又は第三者にこれを保管させることができない。 2　第105条及び第107条第2項の規定は、受寄者が第三者に寄託物を保管させることができる場合について準用する。 (新設)
(無報酬の受寄者の注意義務) 第659条　無報酬の受寄者は、自己の財産に対するのと同一の注意をもって、寄託物を保管する義務を負う。	(無償受寄者の注意義務) 第659条　無報酬で寄託を受けた者は、自己の財産に対するのと同一の注意をもって、寄託物を保管する義務を負う。
(受寄者の通知義務等) 第660条　寄託物について権利を主張する第三者が受寄者に対して訴えを提起し、又は差押え、仮差押え若しくは仮処分をしたときは、受寄者は、遅滞なくその事実を寄託者に通知しなければならない。ただし、寄託者が既にこれを知っているときは、この限りでない。 2　第三者が寄託物について権利を主張する場合であっても、受寄者は、寄託者の指図がない限り、寄託者に対しその寄託物を返還しなければならない。ただし、受寄者が前項の通知をした場合又は同項ただし書の規定によりその通知を要しない場合において、その寄託物をその第三者に引き渡すべき旨を命ずる確定判決(確定判決と同一の効力を有するものを含む。)があったときであって、その第三者にその寄託物を引き渡したときは、この限りでない。 3　受寄者は、前項の規定により寄託者に対して寄託物を返還しなければならない場合には、寄託者にその寄託物を引き渡したことによって第三者に損害が生じたときであっても、その賠償の責任を負わない。	(受寄者の通知義務) 第660条　寄託物について権利を主張する第三者が受寄者に対して訴えを提起し、又は差押え、仮差押え若しくは仮処分をしたときは、受寄者は、遅滞なくその事実を寄託者に通知しなければならない。 (新設) (新設)
(寄託者による返還請求等) 第662条　(略) 2　前項に規定する場合において、受寄者は、寄託者がその時期の前に返還を請求したことによって損害を受けたときは、寄託者に対し、その賠償を請求す	(寄託者による返還請求) 第662条　(同左) (新設)

ることができる。

(損害賠償及び費用の償還の請求権についての期間の制限)
第664条の2　寄託物の一部滅失又は損傷によって生じた損害の賠償及び受寄者が支出した費用の償還は、寄託者が返還を受けた時から1年以内に請求しなければならない。
2　前項の損害賠償の請求権については、寄託者が返還を受けた時から1年を経過するまでの間は、時効は、完成しない。

(委任の規定の準用)
第665条　第646条から第648条まで、第649条並びに第650条第1項及び第2項の規定は、寄託について準用する。

(混合寄託)
第665条の2　複数の者が寄託した物の種類及び品質が同一である場合には、受寄者は、各寄託者の承諾を得たときに限り、これらを混合して保管することができる。
2　前項の規定に基づき受寄者が複数の寄託者からの寄託物を混合して保管したときは、寄託者は、その寄託した物と同じ数量の物の返還を請求することができる。
3　前項に規定する場合において、寄託物の一部が滅失したときは、寄託者は、混合して保管されている総寄託物に対するその寄託した物の割合に応じた数量の物の返還を請求することができる。この場合においては、損害賠償の請求を妨げない。

(消費寄託)
第666条　受寄者が契約により寄託物を消費することができる場合には、受寄者は、寄託された物と種類、品質及び数量の同じ物をもって返還しなければならない。
2　第590条及び第592条の規定は、前項に規定する場合について準用する。
3　第591条第2項及び第3項の規定は、預金又は貯金に係る契約により金銭を寄託した場合について準用する。

(他の組合員の債務不履行)
第667条の2　第533条及び第536条の規定は、組合契約については、適用しない。
2　組合員は、他の組合員が組合契約に基づく債務の履行をしないことを理由として、組合契約を解除することができない。

(組合員の1人についての意思表示の無効等)
第667条の3　組合員の1人について意思表示の無効又は取消しの原因があっても、他の組合員の間にお

(新設)

(委任の規定の準用)
第665条　第646条から第650条まで(同条第3項を除く。)の規定は、寄託について準用する。

(新設)

(消費寄託)
第666条　第五節(消費貸借)の規定は、受寄者が契約により寄託物を消費することができる場合について準用する。
2　前項において準用する第591条第1項の規定にかかわらず、前項の契約に返還の時期を定めなかったときは、寄託者は、いつでも返還を請求することができる。

(新設)

(新設)

新	旧
いては、組合契約は、その効力を妨げられない。	
（業務の<u>決定及び</u>執行の方法）	（業務の執行の方法）
第670条　組合の業務は、組合員の過半数<u>をもって決定し、各組合員がこれを</u>執行する。 2　<u>組合の業務の決定及び執行は、組合契約の定めるところにより、1人又は数人の組合員又は第三者に委任することができる。</u> 3　<u>前項の委任を受けた者（以下「業務執行者」という。）は、組合の業務を決定し、これを執行する。この場合において、業務執行者が数人あるときは、組合の業務は、業務執行者の過半数をもって決定し、各業務執行者がこれを執行する。</u> 4　<u>前項の規定にかかわらず、組合の業務については、総組合員の同意によって決定し、又は総組合員が執行することを妨げない。</u> 5　組合の常務は、<u>前各項</u>の規定にかかわらず、各組合員又は各業務執行者が単独で行うことができる。ただし、その完了前に他の組合員又は業務執行者が異議を述べたときは、この限りでない。	第670条　組合の業務<u>の執行</u>は、組合員の過半数<u>で決</u>する。 2　<u>前項の業務の執行は、組合契約でこれを委任した者（次項において「業務執行者」という。）が数人あるときは、その過半数で決する。</u> （新設） （新設） 3　組合の常務は、<u>前2項</u>の規定にかかわらず、各組合員又は各業務執行者が単独で行うことができる。ただし、その完了前に他の組合員又は業務執行者が異議を述べたときは、この限りでない。
<u>（組合の代理）</u> <u>第670条の2　各組合員は、組合の業務を執行する場合において、組合員の過半数の同意を得たときは、他の組合員を代理することができる。</u> 2　<u>前項の規定にかかわらず、業務執行者があるときは、業務執行者のみが組合員を代理することができる。この場合において、業務執行者が数人あるときは、各業務執行者は、業務執行者の過半数の同意を得たときに限り、組合員を代理することができる。</u> 3　<u>前2項の規定にかかわらず、各組合員又は各業務執行者は、組合の常務を行うときは、単独で組合員を代理することができる。</u>	（新設）
（委任の規定の準用）	（委任の規定の準用）
第671条　第644条から第650条までの規定は、組合の業務を<u>決定し、又は</u>執行する組合員について準用する。	第671条　第644条から第650条までの規定は、組合の業務を執行する組合員について準用する。
（業務執行組合員の辞任及び解任）	（業務執行組合員の辞任及び解任）
第672条　<u>組合契約の定めるところにより</u>1人又は数人の組合員に業務の<u>決定及び</u>執行を委任したときは、その組合員は、正当な事由がなければ、辞任することができない。 2　（略）	第672条　<u>組合契約で</u>1人又は数人の組合員に業務の執行を委任したときは、その組合員は、正当な事由がなければ、辞任することができない。 2　（同左）
（組合員の組合の業務及び財産状況に関する検査）	（組合員の組合の業務及び財産状況に関する検査）
第673条　各組合員は、組合の業務<u>の決定及び執行を</u>する権利を有しないときであっても、その業務及び組合財産の状況を検査することができる。	第673条　各組合員は、組合の業務を<u>執行する権利を</u>有しないときであっても、その業務及び組合財産の状況を検査することができる。
<u>（組合の債権者の権利の行使）</u> 第675条　組合の債権者は、<u>組合財産について</u>その権	<u>（組合員に対する組合の債権者の権利の行使）</u> 第675条　組合の債権者は、<u>その債権の発生の時に組</u>

利を行使することができる。 2　組合の債権者は、その選択に従い、各組合員に対して損失分担の割合又は等しい割合でその権利を行使することができる。ただし、組合の債権者がその債権の発生の時に各組合員の損失分担の割合を知っていたときは、その割合による。	合員の損失分担の割合を知らなかったときは、各組合員に対して等しい割合でその権利を行使することができる。 （新設）
（組合員の持分の処分及び組合財産の分割） 第676条　（略） 2　組合員は、組合財産である債権について、その持分についての権利を単独で行使することができない。 3　（略）	（組合員の持分の処分及び組合財産の分割） 第676条　（同左） （新設） 2　（同左）
（組合財産に対する組合員の債権者の権利の行使の禁止） 第677条　組合員の債権者は、組合財産についてその権利を行使することができない。	（組合の債務者による相殺の禁止） 第677条　組合の債務者は、その債務と組合員に対する債権とを相殺することができない。
（組合員の加入） 第677条の2　組合員は、その全員の同意によって、又は組合契約の定めるところにより、新たに組合員を加入させることができる。 2　前項の規定により組合の成立後に加入した組合員は、その加入前に生じた組合の債務については、これを弁済する責任を負わない。	（新設）
（脱退した組合員の責任等） 第680条の2　脱退した組合員は、その脱退前に生じた組合の債務について、従前の責任の範囲内でこれを弁済する責任を負う。この場合において、債権者が全部の弁済を受けない間は、脱退した組合員は、組合に担保を供させ、又は組合に対して自己に免責を得させることを請求することができる。 2　脱退した組合員は、前項に規定する組合の債務を弁済したときは、組合に対して求償権を有する。	（新設）
（組合の解散事由） 第682条　組合は、次に掲げる事由によって解散する。 　一　組合の目的である事業の成功又はその成功の不能 　二　組合契約で定めた存続期間の満了 　三　組合契約で定めた解散の事由の発生 　四　総組合員の同意	（組合の解散事由） 第682条　組合は、その目的である事業の成功又はその成功の不能によって解散する。 （新設） （新設） （新設） （新設）
（組合の清算及び清算人の選任） 第685条　（略） 2　清算人の選任は、組合員の過半数で決する。	（組合の清算及び清算人の選任） 第685条　（同左） 2　清算人の選任は、総組合員の過半数で決する。

(清算人の業務の決定及び執行の方法) 第686条　第670条第3項から第5項まで並びに第670条の2第2項及び第3項の規定は、清算人について準用する。	(清算人の業務の執行の方法) 第686条　第670条の規定は、清算人が数人ある場合について準用する。
(組合員である清算人の辞任及び解任) 第687条　第672条の規定は、組合契約の定めるところにより組合員の中から清算人を選任した場合について準用する。	(組合員である清算人の辞任及び解任) 第687条　第672条の規定は、組合契約で組合員の中から清算人を選任した場合について準用する。
(損害賠償の方法、中間利息の控除及び過失相殺) 第722条　第417条及び第417条の2の規定は、不法行為による損害賠償について準用する。 2　(略)	(損害賠償の方法及び過失相殺) 第722条　第417条の規定は、不法行為による損害賠償について準用する。 2　(同左)
(不法行為による損害賠償請求権の消滅時効) 第724条　不法行為による損害賠償の請求権は、次に掲げる場合には、時効によって消滅する。 　一　被害者又はその法定代理人が損害及び加害者を知った時から3年間行使しないとき。 　二　不法行為の時から20年間行使しないとき。	(不法行為による損害賠償請求権の期間の制限) 第724条　不法行為による損害賠償の請求権は、被害者又はその法定代理人が損害及び加害者を知った時から3年間行使しないときは、時効によって消滅する。不法行為の時から20年を経過したときも、同様とする。
(人の生命又は身体を害する不法行為による損害賠償請求権の消滅時効) 第724条の2　人の生命又は身体を害する不法行為による損害賠償請求権の消滅時効についての前条第一号の規定の適用については、同号中「3年間」とあるのは、「5年間」とする。	(新設)
(遺言執行者の権利義務) 第1012条　(略) 2　第644条、第645条から第647条まで及び第650条の規定は、遺言執行者について準用する。	(遺言執行者の権利義務) 第1012条　(同左) 2　第644条から第647条まで及び第650条の規定は、遺言執行者について準用する。
(遺言執行者の復任権) 第1016条　(略) (削る)	(遺言執行者の復任権) 第1016条　(同左) 2　遺言執行者が前項ただし書の規定により第三者にその任務を行わせる場合には、相続人に対して、第105条に規定する責任を負う。
(遺言執行者の報酬) 第1018条　(略) 2　第648条第2項及び第3項並びに第648条の2の規定は、遺言執行者が報酬を受けるべき場合について準用する。	(遺言執行者の報酬) 第1018条　(同左) 2　第648条第2項及び第3項の規定は、遺言執行者が報酬を受けるべき場合について準用する。

【参考文献】

・金子宏『租税法〔第22版〕』(弘文堂, 2017年)
・東京弁護士会法友全期会債権法改正特別委員会編『弁護士が弁護士のために説く　債権法改正〔改訂版〕』(第一法規株式会社, 2016年)
・潮見佳男『民法(債権関係)の改正に関する要綱仮案の概要』(金融財政事情研究会, 2014年)
・潮見佳男『民法(債権関係)改正法の概要』(金融財政事情研究会, 2017年)
・川島武宜・平井宜雄編『新版　注釈民法(3)』(有斐閣, 2003年)
・四宮和夫・能見善久『民法総則〔第8版〕』(弘文堂, 2010年)
・内田貴『民法Ⅰ　総則・物権総論〔第4版〕』(東京大学出版会, 2008年)
・東京弁護士会編『法律家のための税法　民法編〔新訂第7版〕』(第一法規, 2014年)
・三木義一監修／本山敦＝伊川正樹編『新　実務家のための税務相談　民法編』(有斐閣, 2017年)
・日本弁護士連合会編『実務解説　改正債権法』(弘文堂, 2017年)

【参考となるホームページ】

○「民法の一部を改正する法律(債権法改正)について」(法務省)
　　http://www.moj.go.jp/MINJI/minji06_001070000.html
　　＊H29.11.2現在

【監修者略歴】

木山　泰嗣（きやま　ひろつぐ）

　1974年横浜生まれ。青山学院大学法学部教授（税法）。同大学大学院法学研究科ビジネス法務専攻主任（税法務プログラム主任）。鳥飼総合法律事務所客員弁護士。

　上智大学法学部を卒業後，2001年に旧司法試験に合格。2003年弁護士登録後，ストック・オプション訴訟などの大型案件を中心に，税務訴訟・税務に関する法律問題を取り扱ってきた。2015年から現職に就き，税法研究及び法学教育に専念。

　『税務訴訟の法律実務』（弘文堂。第34回日税研究賞「奨励賞」受賞）。『法律に強い税理士になる』（大蔵財務協会），『小説で読む民事訴訟法』（法学書院），『分かりやすい「民法」の授業』（光文社新書），『分かりやすい「所得税法」の授業』（光文社新書），『教養としての「税法」入門』（日本実業出版社）等，単著の合計は49冊。

【著者略歴】

西中間　浩（にしなかま　ひろし）

　鹿児島県鶴丸高等学校卒。東京大学文学部行動文化学科卒。
　外務省勤務を経て，東京大学大学院法学政治学研究科法曹養成専攻（ロースクール）修了。
　現在，鳥飼総合法律事務所弁護士。

　主な取扱分野は，税務，企業法務，事業承継・相続等。
［主要著書］
　『公益法人・一般法人のＱ＆Ａ　移行後の運営・会計・税務』（共著　一般財団法人　大蔵財務協会），『違法ダウンロードで逮捕されないための改正著作権法』（共著　朝日新聞出版），『新　実務家のための税務相談　民法編・会社法編』（共著　有斐閣）

本書の内容に関するご質問は、ファクシミリ等、文書で編集部宛にお願いいたします。(fax 03-6777-3483)
なお、個別のご相談は受け付けておりません。

債権法改正と税務実務への影響

平成30年1月5日　初版第1刷印刷　　　　（著者承認検印省略）
平成30年1月15日　初版第1刷発行

Ⓒ監修者　　木山　泰嗣
著　者　　西中間　浩

発行所　　税務研究会出版局
週刊［税務通信／経営財務］発行所
代表者　山　根　　毅

郵便番号100-0005
東京都千代田区丸の内1-8-2
鉄鋼ビルディング
振替00160-3-76223
電話〔書籍編集〕　　　　　03(6777)3463
　　〔書店専用〕　　　　　03(6777)3466
　　〔書籍注文〕
　　（お客さまサービスセンター）03(6777)3450

●各事業所　電話番号一覧●

北海道　011(221)8348　　神奈川　045(263)2822　　中　国　082(243)3720
東　北　022(222)3858　　中　部　052(261)0381　　九　州　092(721)0644
関　信　048(647)5544　　関　西　06(6943)2251

当社HP ⇒ https://www.zeiken.co.jp

乱丁・落丁の場合は、お取替えします。　　　　印刷・製本　奥村印刷㈱

ISBN978-4-7931-2267-5